KB199000

일상을 바꾼
과학 기술 이야기

※사진 제공
12쪽 위키미디어 / 16쪽 국립중앙박물관 / 23쪽, 27쪽 위키미디어
30쪽 위키미디어(Chris55) / 34쪽, 37쪽, 47쪽, 51쪽, 60쪽, 65쪽, 68쪽, 70쪽, 77쪽 위키미디어
92쪽 위키미디어(Noir) / 103쪽 위키미디어 / 108쪽 위키미디어(Steve Jurvetson)
120쪽, 122쪽 위키미디어 / 128쪽 국가기록원

증기 기관에서 인공 지능까지
일상을 바꾼 과학 기술 이야기
초판 1쇄 발행 2024년 12월 20일

지은이   박재용
그린이   주노
펴낸이   진영수
디자인   김세라

펴낸곳   영수책방
           출판등록 2021년 2월 8일 제 2022-000024호
           전화 070-8778-8424 | 팩스 02-6499-2123 | 전자우편 sisyphos26@gmail.com
           홈페이지 ysbooks.co.kr

ⓒ 박재용·주노 2024
ISBN 979-11-93759-04-2 44300
      979-11-974312-9-6 (세트)

일상을 바꾼 과학 기술 이야기

박재용 지음 | 주노 그림

증기 기관에서 인공 지능까지

영수
책방

많은 사람들이 지금은 4차 산업 혁명의 시대라고 이야기합니다. 그렇다면 2차 산업 혁명이나 3차 산업 혁명도 있었다는 뜻일 텐데, 산업 혁명은 익숙하지만 2차와 3차 산업 혁명은 좀 낯섭니다. 교과서에도 나오지 않고요.

사실 4차 산업 혁명이란 용어는 등장한 지도 얼마 되지 않았을뿐더러 전 세계적으로 인정받는 말도 아닙니다. 세계에서 아직 일부만 사용하는 개념이죠. 그래도 산업 혁명 이후 지금까지 기술이 발전되는 모습을 살펴보면 두세 차례의 발전 단계가 있는 건 분명합니다.

18세기 중반부터 시작된 증기 기관, 자동화된 면직물 생산 기계의 발명, 철도의 도입부터 19세기 중반부터 일어난 전기, 전신, 전화의 개발, 대량 생산 방식의 도입, 석유 화학 산업의 등장, 20세기 중반 이후의 컴퓨터와 인터넷, 산업용 로봇으로 인한 사무, 공장의 자동화와 전 세계의 네트워크화 등으로 크나큰 발전과 변화가 있었습니다. 앞으로는 스마트폰과 인공 지능에 의해 큰 변화가 일어날 거라고 하고요.

이런 커다란 변화를 정말 1차, 2차, 3차, 4차 산업 혁명으로 나눠 부르는 게 맞는지는 아직 사람들마다 의견이 다릅니다. 하지만 연속적으로 이어진 기술의 발전과 함께 이루어진 사회의 변화는 충분히 주목할 만한 일입니다. 현대 사회가 지금과 같은 모습을 갖추는 데 과학 기술의 발전과 그로 인한 산업화가 핵심적인 역할을 한 것이니까요.

그런데도 과학 기술의 발전이 어떤 사회적 요구에 의한 것인지, 또 사회에 어떤 영향을 끼쳤는지를 종합적으로 살펴볼 만한 책은 아직 별로 없습니다. 아울러 과학 기술의 발전이 일으킨 긍정적인 변화와 함께 제국주의와 식민지, 불평등의 심화, 세계 대전, 환경 파괴 등 부정적인 면도 균형 있게 들여다볼 수 있는 책이 필요하다 생각했고요.

그래서 과학, 기술, 사회의 입체적 관계에 대한 이해를 돕고자 이 책을 썼습니다. 역사도 어렵고 사회, 과학 기술도 어려운데 그걸 모두 엮다니 너무 힘겹게 읽히지 않을까 염려하진 않아도 괜찮습니다. 옛날이야기를 듣듯이 술술 읽다 보면 어느새 책의 마지막 장을 넘기게 될 테니까요.

차 례

산업 혁명, 기술이 세상을 바꾸다

18세기, 최강 국가 영국의 고민

　18세기 중반 영국은 최소한 유럽에서 가장 강력한 국가 중 하나였습니다. 특히 해상에서는 당할 자가 없었죠. 이전까지 스페인, 포르투갈, 네덜란드 등과 바다에서 경합을 벌이다가 결국 영국이 승리자가 되었습니다. 인도와 동남아시아, 북아메리카 등 전 세계 대부분의 바다에서 지배력을 행사했죠. 그런데 이렇게 잘나가도 영국은 몇 가지 고민이 있었습니다.

　먼저 섬유 산업에 대한 문제입니다. 당시는 합성 섬유가 없었던 시절이라 옷이나 배의 돛, 밧줄 등을 만드는 섬유로 면을 가장 많이 사용했습니다. 면은 목화를 재배하고, 목화솜에서 실을 뽑고, 실로 천을 짜는 과정을 거쳐 만들어지죠. 원래 목화는 중국이나 인도 등 아시아 국가에서 많이 재배했습니다. 그리고 목화솜에서 실을 뽑고 실로 천을 짜는 일도 아시아 국가에서 주로 하던 거죠. 그런데 유럽의 인구가 증가하고, 배도 많이 만들게 되자 유럽 안에서 수요가 크게 늘어납니다. 아시아의 면직물을 배로 실어 나르는 걸로는 수요를 감당할 수가 없었죠.

그러다 영국 등을 중심으로 목화솜을 수입해서 직접 실과 천을 만드는 산업이 활발해집니다. 여기에는 아메리카 대륙이 중요한 역할을 합니다. 미국의 남부 지역과 카리브해의 섬에 커다란 목화 농장이 만들어지면서 유럽에 목화솜을 공급합니다. 미국에서 영국 사이도 가까운 거리는 아니지만 인도에서 아프리카 남단을 돌아 영국까지 가는 것과 비교하면 굉장히 짧았습니다. 더구나 인도나 다른 아시아 국가는 자기들이 재배한 목화솜으로 직접 실을 짓고 천을 짜니 굳이 목화솜을 수출할 이유도 없었죠.

어찌됐건 아메리카 대륙 덕분에 영국은 목화솜 공급에 대해 고민할 필요가 없어졌습니다. 하지만 문제는 남아 있었습니다. 영국에서 면직물을 만드는 비용이 인도에서 만드는 비용보다 여섯 배나 컸다는 겁니다. 인도 노동자의 임금이 훨씬 쌌기 때문이죠. 임금만 따지면 열두 배 정도 차이 났지만 영국 노동자

조면기를 이용해서 목화솜에서 목화씨를 빼는 작업을 그린 것입니다. 과거 미국에서는 아프리카에서 끌고 온 흑인 노예들이 목화 농사에 많이 투입되었습니다.

들이 사용하는 도구의 효율이 좋아 인도보다 생산량은 두 배가 많았기에 실제 비용 차이는 여섯 배 정도였죠. 그런데 인도 면직물은 생산량이 적은 대신 품질이 아주 좋았습니다. 가는 실을 가지고 손으로 직접 짠 모슬린 등 비싸게 팔리는 고급 옷감은 인도 면직물이 싹 쓸었죠. 모슬린은 당시 인도 벵골 지방의 대표적인 수출품 중 하나였습니다. 영국의 면직물은 주로 싼 제품이었고 그마저도 인도의 면직물과는 경쟁이 안 될 지경이었습니다.

또 다른 고민은 나무가 사라지고 있다는 점입니다. 사람들이 너무 많이 베었기 때문이죠. 16세기 이후 영국은 꾸준히 인구가 늘었습니다. 사람이 많아지니 자연스럽게 집도 더 많이 짓게 되었죠. 지금이야 집을 짓는다고 하면 우선 콘크리트나 철근 따위를 떠올리지만 당시만 해도 집은 대부분 나무로 지었습니다. 돈이 많은 사람들만 석조 건물을 지었죠. 더구나 집이 많아진 만큼 난방과 취사에 필요한 연료 사용량도 증가했습니다. 연료 또한 나무를 태워서 해결했죠. 물론 당시에도 석탄은 있었지만 석탄을 태우면 유독 가스가 나오기 때문에 주로 나무를 썼습니다. 비용도 적게 들고요.

여기에 16세기 이후 줄곧 늘어난 선박도 나무로 만들었습니다. 지금이야 배는 철로 만드는 경우가 많지만 당시 모든 배는 나무로 만들었죠. 그러니 나무는 계속 베어지고 숲이 점차 사라졌습니다. 12세기만 하더라도 영국 전체에서 숲이 차지하는 비율이 15%였는데 18세기가 되자 7% 정도로 반이나 줄었습니다.

지금이야 나무를 베어 숲이 줄어들면 환경 문제를 먼저 생각하지만 당시 영국에서는 경제적으로 심각한 문제였습니다. 나무를 주변에서 구할 수 없어 먼 곳에서 베어 와야 했는데, 그렇게 되면 수송 비용이 추가되어 목재 값이 오를 수밖에 없습니다. 부자들이야 상관없고 시골에 사는 농민들도 주변 야산에서 베어 올 수 있지만 도시에 사는 가난한 사람들은 나무 가격이 높아지니 살기가 힘들어집니다. 집을 짓는 것도, 배를 만드는 것도 쉬운 일이 아니죠. 그래서 영국에서는 외국에서 목재를 수입하기 시작합니다. 영국은 식민지였던 미국에서 제조업을 육성할 생각이 없었지만 조선소와 목재 가공 공장은 미국 동부 해안에 세웁니다. 그리고 미국으로부터 나무를 수입했죠.

또 하나 철의 사용량이 크게 증가했습니다. 도시 인구, 물자 수송량도 늘어났을뿐더러 당시 유럽은 하루도 전쟁을 벌이지 않는 날이 없을 정도로 전쟁이 잦았습니다. 18세기 100년 동안 전쟁이 없었던 해가 불과 10년에 지나지 않습니다. 나라마다 전쟁을 위한 대비를 계속 할 수밖에 없었죠. 거기에 아메리카와 아시아 등으로 세력을 뻗으면서 군대가 더 필요했습니다. 철을 계속 제련할 수밖에 없었죠.

문제는 철을 제련할 때도 나무가 무지하게 많이 들어갔다는 겁니다. 당시엔 철광석을 제련할 때 목탄, 즉 숯을 썼습니다. 철 1톤을 만들 때 숯이 1000톤이 필요했습니다. 나무로 치면 2000톤 이상이 필요했죠. 그래서 영국이나 프랑스 같은 나라는 제련에 필요한 나무를 구할 수가 없자 러시아나 스웨덴처럼 나무가 풍부한 나라에서 만든 철을 수입해다 썼습니다. 더구나 유럽은 끊임없이 전쟁을 하는 통에 철의 수입이 항상 안정적이지 않았습니다.

섬유 산업의 문제는 기술이 해결합니다. 먼저 실로 천을 짜는 기계가 등장합니다. 실로 천을 짜는 도구를 방직기(베틀)라고 합니다. 방직기에는 세로로 수십 결의 실이 걸립니다. 이 실을 날줄이라고 하죠. 날줄의 앞뒤를 교차하며 가로로 실을 넣습니다. 이 가로 실을 씨줄이라고 합니다. 이렇게 날줄 사이로 왼쪽에서 오른쪽으로, 다시 오른쪽에서 왼쪽으로 씨줄 넣기를 반복하면서 천을 짭니다. 이 과정을 사람 손으로 일일이 하자니 시간이 많이 걸리고 천을 넓게 짜기도 힘듭니다. 씨줄을 움직이는 사람 손이 닿는 범위가 정해져 있으니 넓게 천을 짜려면 방직기 양쪽에 보조하는 이들이 있어야 합니다.

그런데 존 케이라는 사람이 1733년 플라잉 셔틀이라는 새로운 방직 기계를 발명합니다. 셔틀은 우리말로 북이라 하는데 씨줄을 날줄 사이로 옮기는 역할을 하죠. 플라잉 셔틀은 바로 이 북을 자동으로 움직이게 만든 것입니다. 스프링과 베어링을 이용한 건데 사람이 줄 하나만 당겨도 북이 이동했죠. 아무튼 플라잉 셔틀로 천을 짜자 이전 방직기로 천을 짤 때보다 천의 폭도 두 배 가까이 넓어지고, 짜는 속도도 두 배 가까이 빨라졌습니다. 쉽게 말해서 이전보다 네 배가량 빠르게 천

조선 후기 김홍도의 그림 <자리짜기>(왼쪽), <길쌈>(오른쪽)입니다. 여기서 물레로 실을 뽑고 베틀로 천을 짜는 모습을 볼 수 있습니다. 가장 원시적인 형태의 방적기와 방직기라 할 수 있습니다.

을 짤 수 있게 된 겁니다.

플라잉 셔틀이 도입되면서 이전보다 천을 짜는 속도는 빨라졌지만 새로운 문제가 생깁니다. 천을 짤 실이 부족해진 겁니다. 천은 이전보다 빠르게 만드는데 재료가 될 실 공급은 이전과 마찬가지였기 때문이죠. 당연히 실의 수입이 급증합니다. 하지만 영국으로선 이 또한 불만이었습니다. 바다 건너에서 실을 수입하니 운송비 때문에 실 값이 올랐기 때문이죠. 이 문제도 새로운 기술로 해결합니다.

목화솜에서 실을 잣는 기구를 방적기라 합니다. 가장 원시적인 형태는 물레죠. 앞의 김홍도 그림에서 여성이 쓰는 도구가 이 물레입니다. 영국은 물론 전 세계에서 18세기 초까지는 실을 만드는 데 물레를 사용했습니다. 그런데 기존 물레로는 도저히 실을 필요한 만큼 공급할 수가 없었습니다. 여러 사람이 더 효율적인 기계를 만들려고 골몰했죠. 그중 제임스 하그리브스가 한 번에 여덟 가닥의 실을 뽑을 수 있는 제니 방적기를 발명합니다. 이전보다 여덟 배나 빠르게 실을 만들 수 있게 된 거죠. 그러나 제니 방적기는 인간의 힘으로 돌려야 했습니다. 리처드 아크라이트는 수력 방적기를 만들었는데, 한 번에 뽑을 수 있는 실의 개수는 적었지만 사람의 힘이 아닌 수력으로 움직인다는 장점이 있었습니다. 물의 힘을 이용하게 되면서 방적기 돌아가는 속도가 빨라져 제니 방적기보다 더 많은 실을 생산할 수 있었죠. 그러다 새뮤얼 크럼프턴이 제니 방적기와 수력 방적기의 장점을 합쳐 물 방적기(Spinning Mule)를 만듭니다. 이제 실을 잣는 속도가 천을 짜는 속도보다 빨라집니다.

방적기 개발에 맞물려 방직기도 발전합니다. 사람 손을 거치지 않고 동력으로 움직이는 역직기가 등장하죠. 그 이후로도 씨실의 공급을 자동으로 하는 등 점점 개량한 기계가 나타납니다. 영국의 섬유 산업이 전 세계에서 가장 싸고 많은 천을 생산하게 된 거죠.

18세기 중반을 거치면서 영국의 섬유 산업은 그 모습이 완전히 변합니다. 방적기와 방직기가 새로운 기술로 등장하기 전 섬유 산업은 가족들이 운영하는 가내 수공업이었습니다. 목화솜을 가져다 보풀을 분해해서 긴 묶음으로 만드는 건 아이들이 주로 하고, 이 묶음에서 물레로 실을 뽑는 건 아내가 담당하고, 베틀로 천을 짜는 건 남편이 하는 식이었습니다. 상인은 이들에게 목화솜과 천을 만들 도구를 공급해 주고 다 짠 천을 사 갔습니다. 결국 상인이 이들에게 임금을 주는 거나 마찬가지였는데 이런 방식을 선대 제도라고 합니다.

하지만 새로운 방적기와 방직기는 섬유 산업을 가내 수공업에서 공장식 생산으로 바꿉니다. 동력을 이용해서 훨씬 더 빠르게 실을 뽑고 천을 짜는 기계는 가내 수공업을 하는 사람들이 마련하기에는 너무 비쌌습니다. 돈 있는 사람들이 커다란 공장에 여러 대의 기계를 구비하고 노동자들을 고용해 실을 뽑고 천을 만들었습니다. 공장과 경쟁이 되지 않는 가내 수공업은 점차 사라져 갔죠.

세계에서 가장 인기 있는 축구 구단 중 하나인 맨체스터 유나이티드가 있는 맨체스터가 당시 섬유 산업이 발달한 대표적인 도시입니다. 맨체스터 유나이티드 구단 또한 노동자들이 쉬는 시간에 모여 만든 작은 클럽에서 시작했죠.

자동화된 기계로 이전보다 면직물을 훨씬 빠르게 만들 수 있게 되자 영국의 섬유 산업은 인도와도 경쟁력이 생깁니다. 영국의 섬유 산업이 발달하는 모습은 목화솜 수입액으로도 확인이 가능합니다. 산업 혁명이 시작되기 전 1750년에는 연간 목화솜 수입액이 250만 파운드였는데 1850년에는 5억 8800만 파운드로 200배 증가합니다. 그리고 생산된 면직물의 3분의 2는 수출하기에 이릅니다. 유럽의 다른 나라뿐만 아니라 인도 등 아시아의 여러 나라, 아메리카 대륙에도 영국산 면직물이 들어가게 되죠.

나무 대신 석탄

앞서 살펴본 것처럼 영국은 난방용 연료로, 철강 제련에 쓸 숯으로, 또 집이나 배를 만들 목적으로 필요한 나무가 너무나도 부족했습니다. 이렇게 나무가 부족하자 가장 먼저 타격을 받은 건 도시의 가난한 시민들이었습니다. 겨울이 되어 난방을 하고 싶어도, 음식을 조리하고 싶어도 땔감용 나무의 값이 너무 비싸 살 수가 없었기 때문이죠. 이들은 자연스레 나무 대신 석탄을 쓰기 시작합니다.

석탄에는 유황이 섞여 있어 매캐한 냄새가 나고, 석탄을 태울 때 나는 일산화탄소는 사람 몸에 치명적이기까지 합니다. 우리나라에서 석탄으로 만든 연탄을 난방과 취사에 사용하던 시절에는 일산화탄소 중독으로 사망하는 사람들이 매년 겨울마다 여러 명 나왔습니다. 당시 영국도 마찬가지였죠. 특히 도시 빈민들은 집이 좁았고 환기 시설이 좋지 않아 일산화탄소 중독으로 많이 죽었습니다. 또 그을음이 나와 벽이며 옷이며 다 더럽혔죠. 영국 도시의 빈민가는 온통 회색과 검은색으로 뒤덮여 있었습니다. 시간이 지나면서 더 이상 나무는 난방과 취사 용도로 쓰이지 않습니다. 가난한 사람들뿐만 아니라 중산층도 부자도 모두 땔감용 나무 대신 석탄을 사용하게 됩니다.

금속 제련 산업도 나무가 부족해지면서 심각한 문제에 부딪칩니다. 본디 금속 제련의 핵심은 높은 온도로 광석을 녹이는 것인데 이를 위해 가장 좋은 게 나무로 만든 숯이었습니다. 숯으로 열을 낼 때 온도가 가장 높았기 때문이죠. 하지만 나무가 부족하니 다른 재료를 찾게 되었는데 이 또한 석탄이었습니다. 우선 녹는점이 낮은 납 제련부터 그다음 낮은 구리 제련에도 석탄을 사용하기 시작했습니다. 18세기 초의 일이었습니다.

그런데 사용량이 가장 많은 철은 석탄으로 녹질 않았습니다. 워낙 녹는점이 높았기 때문이죠. 어떻게든 방법을 찾아야 했습니다. 그러다 영국의 에이브러햄 다비가 코크스를 이용하는 방법을 찾아냈습니다. 코크스는 간단하게 말하자면 나무로 숯을 만들 듯 석탄으로 만든 일종의 숯이라고 볼 수 있습니다. 나무보다 숯이 화력이 좋은 것처럼 코크스도 석탄보다 더 높은 온도를 낼 수 있죠. 이제 석탄으로도 철을 녹일 수 있게 됩니다.

코크스는 제련 과정에서 높은 열을 내는 것 말고 다른 효과도 있었습니다. 코크스가 가열되면서 발생하는 일산화탄소는 철광석의 산소와 결합하여 이산화탄소가 됩니다. 즉 철광석에서 산소를 빼앗아 순수한 철만 남기는 거죠. 그리고 코크스에 포함된 탄소 일부가 철에 들어갑니다. 이렇게 만들어진 탄소강은 그냥 철일 때보다 강도가 더 높고 유연성도 뛰어납니다. 높은 압력이나 충격에 견뎌야 하는 철근이나 철판, 기계의 부속품을 만들 때 사용되죠. 현재도 공장이나 건설 현장에서 사용하는 철 제품의 대부분은 탄소강을 가공하여 만듭니다. 그리고 현재의 철강 산업도 코크스를 이용한다는 점에서는 산업혁명기와 동일합니다.

이후에도 코크스는 개량되면서 더 질 좋은 철을 생산할 수 있었고, 코크스와 철광석을 이동하는 수단도 발달하면서 철 생산량도 증가합니다. 여러 과정을 거쳐 새롭게 탄생한 시스템은 숯을 이용하는 것보다 오히려 철광석을 제련하는 데 더 적

산업 혁명 이후 탄광에서 석탄 채굴이 활발해졌지만 사고도 많았습니다. 1906 년 프랑스 쿠리에르 탄광 사고는 1099명의 광부가 목숨을 잃는 등 최악의 참사 였습니다.

합하여 철강 산업이 본격화됩니다. 또 나무를 베어 숯을 만드는 과정보다 석탄을 채굴해서 코크스를 만드는 과정에 훨씬 적은 노동력이 들었기 때문에 비용도 많이 저렴해집니다.

　1750년 영국은 3만 1200톤의 철을 수입합니다. 하지만 1806년이 되자 코크스를 이용해서 25만 톤의 철을 만들고 그 중 3만 1500톤을 수출합니다. 수치를 보면 1750년 영국이 생산하거나 수입한 철은 합쳐서 6만 톤 내외입니다만 1806년에는 생산한 철 중 수출한 걸 제외해도 20만 톤이 넘습니다. 영국 내 사용량이 거의 네 배 가까이 증가한 거죠. 가격이 낮아지면서 다양한 분야에서 철강 제품을 사용한 겁니다. 방적기나 방직기만 하더라도 기본 몸체는 목재로 만들지만 여기저기 철로 만든 부품이 들어가고, 선박을 제조할 때나 대포나 소총 등 무기를 제작할 때도 철이 많이 쓰입니다. 결정적으로 증기 기관과 철도 건설이 철 사용량을 대폭 늘립니다.

산업 혁명을 끓인 증기

섬유 산업과 나무 부족에 대한 18세기 영국의 고민은 새로운 기술이 개발되면서 해결되었습니다. 하지만 이 과정에서 새로운 고민이 생깁니다. 새로운 기계와 기술에 쓸 석탄과 철을 나르는 문제입니다. 기존의 탄광과 철광은 지표면 부근이나 조금 밑에 있었습니다. 깊은 곳까지 들어가 캐내려면 비용이 많이 드니 얕은 곳에서 캤던 거죠. 그러나 철과 석탄의 수요가 늘자 점점 아래로 내려갈 수밖에 없습니다.

광산을 깊이 팠을 때 부딪치는 문제 중 가장 심각한 것이 지하수입니다. 비가 내리면 물은 지표면을 흐르다가 강으로도 가지만 지표면 아래로 스며들기도 합니다. 이렇게 스며든 지하수는 빈틈을 찾아 이곳저곳으로 흐르죠. 광산이 깊으면 깊을수록 지하수를 자주 만나게 됩니다. 지하수를 퍼내지 않으면 갱도에 물이 차니 사람이 들어갈 수가 없습니다. 또 갱도에 찬물은 벽을 연약하게 만들고, 갱을 받치는 나무를 썩게 만들어 무너질 위험도 커집니다. 퍼낼 수밖에 없죠.

처음에는 말을 이용했습니다. 광산 위에 말 여러 마리가 둥글게 돌면서 밧줄을 끌어당기는 거죠. 그러면 연결된 밧줄이 갱 아래의 물을 담은 바구니를 끌어 올립니다. 하지만 갱이 깊을수록 끌어 올려야 할 밧줄의 길이도 길어지고, 지하수의 양도 많아집니다. 말 몇 마리로는 도저히 감당이 되지 않았죠. 말도 몇 시간을 돌고 나면 쉬어야 하니, 교대를 해 줘야 하고요. 또 다른 문제는 캐낸 철광석과 석탄을 깊은 갱 안에서 꺼내는 일입니다. 깊이가 얕을 때는 수레에 싣고 사람이 끌고 나오면 됐지만 깊이가 너무 깊어지자 사람이 할 수 있는 일의 영역을 벗어났습니다. 이 또한 말을 이용하면 좋겠지만 말을 사고 유지하는 비용도 만만치 않았죠.

이 문제를 해결한 것이 바로 증기 기관입니다. 증기 기관은 수증기의 힘을 이용합니다. 물은 수증기가 되면 부피가 2000배 정도 커집니다. 주전자에 물을 끓이면 뚜껑이 들썩들썩하는 것이 바로 수증기가 보여 주는 힘입니다. 밀폐된 용기에 물을 넣고 끓이면 수증기가 생기면서 어디로든 빠져나가려고 하죠. 수증기를 아주 좁은 틈으로 빠져나오게 하면 엄청난 힘을 뿜어내는데, 이 힘으로 터빈을 돌립니다. 열에너지를 회전 운동으로 바꾸는 거죠.

증기 기관을 처음 생각한 사람은 2000년 전에 있었습니다. 고대 그리스의 헤론이 응용했죠. 오랜 기간 동안 실제로 사용되지 않다가 16세기부터 조금씩 사용할 수 있는 장치로 개량됩니다. 그러나 증기 기관이 본격적으로 사용된 건 18세기 광산의 물을 빼내기 시작하면서부터입니다. 1699년 토머스 세이버리는 '광부의 친구'라는 이름의 증기 기관을 만들었습니다. 하지만 아직 사용하기에는 부족한 게 많았죠. 실제로 광산에서 주로 사용된 증기 기관은 토머스 뉴커먼이 1712년에 개량한 것이었습니다. 이 뉴커먼 기관으로 광산은 지하수 문제를 해결할 수 있었죠.

광산에서 쓰던 증기 기관은 차츰 다른 곳에도 사용되기 시작합니다. 앞서 살펴봤던 방적기와 방직기를 움직이는 힘은 사람 손에서 수력으로, 다시 증기 기관으로 바뀌었습니다. 또 물을 공급하거나 철을 제련하는 과정에서도 증기 기관이 쓰였습니다.

증기 기관이 본격적으로 사용되면서 인간의 역사는 새로운

제임스 와트의 증기 기관 모델입니다. 오른쪽 원통 부분이 피스톤이 있는 곳으로, 증기의 압력에 의해 피스톤이 위로 올라가면 가운데 다리 부분이 시소처럼 움직이고 왼쪽의 바퀴가 움직이는 원리입니다.

국면을 맞게 됩니다. 산업 혁명 이전까지 사람이 쓸 수 있었던 동력원은 사람의 힘과 가축의 힘 정도였습니다. 힘을 덜 들이도록 도구를 쓸 뿐이었죠. 즉 곡물을 빻을 때도 말이나 소에게 연자방아를 끌게 하거나 사람이 직접 절구질을 하는 식이었습니다. 아니면 물레방아나 풍차처럼 물과 바람의 힘을 빌리는 정도였죠. 하지만 증기 기관이 쓰이면서 석탄에 숨어 있는 화학 에너지를 열에너지로 바꾸고 다시 이를 회전 운동으로 바꾸어 기계를 돌릴 수 있게 되었습니다. 석탄을 연료로 한 증기 기관은 이전에는 상상할 수 없는 강력한 힘을 낼 수 있었죠. 가령 당시 사용하던 뉴커먼 기관은 최대 80마력의 힘을 낼 수 있었는데 이는 말 80마리가 *끄*는 힘과 같았습니다. 장소도 크게 구애받지 않았습니다. 물의 힘을 이용할 때는 강가에만 공장이 들어서야 했지만 이젠 어디든 공장을 세울 수 있게 되었죠.

뉴커먼의 기관은 제임스 와트의 손을 거쳐 또 한 번 크게 개선됩니다. 와트가 한 일은 쉽게 말해서 같은 양의 석탄으로 더 많은 일을 할 수 있게 한 것입니다. 뉴커먼 기관에선 증기에 의해서 움직이는 실린더를 운동할 때마다 식혀 줘야 했는데 와트는 항상 뜨겁게 유지함으로써 열효율을 높인 거죠. 또한 피스톤이 움직이는 공간을 밀봉해서 이전보다 더 높은 압력을 쓸 수 있게 만들었습니다.

산업 혁명을 완성한 철도

철도 혹은 궤도의 시작도 광산이었습니다. 땅속 깊은 갱에서 캔 철광석이나 석탄은 사람이 들고 나르기에는 너무 무겁습니다. 이를 수레에 담아 옮겨도 힘들긴 마찬가지죠. 그래서 생각해 낸 것이 궤도 수레입니다. 지금의 기찻길처럼 갱도 양쪽으로 긴 궤도를 놓습니다. 처음에는 철이 아니라 나무로 만들었죠. 이 궤도에 수레바퀴를 올려놓고 움직이면 그냥 끄는 것보다 훨씬 수월했습니다. 여기에 착안하여 궤도는 광산 밖으로 뻗어 나갑니다. 철광석과 석탄이 필요한 제철소로, 항구로, 도시로 이어집니다. 아직 열차를 기관차가 끌었던 건 아닙니다. 궤도 위의 열차는 말이 끌었습니다. 궤도 위 열차 하나나 둘 정도를 끄는 거죠. 그래도 마차보다 더 무거운 짐을 실어도 말이 끌 수 있어서 효율적이긴 했습니다.

운하도 영국 곳곳에 생겼습니다. 강에서 이어진 운하는 광산 부근과 도시까지 뻗습니다. 여기서도 힘을 쓰는 건 말입니다. 운하에 바지선을 띄우고 양쪽 길을 따라 바지선과 연결된 말이 끌어갑니다. 운하를 파고 물의 부력을 이용하면 궤도로 끄는 것보다 열 배 정도 더 많은 양의 짐을 옮길 수 있습니다.

하지만 광산에서 캐낸 석탄과 철광석이 엄청 많고, 영국 각지에 필요한 방직기와 방적기, 목화솜과 실, 면직물, 철의 양이 늘어나자 이런 방법으로도 한계가 생깁니다. 아무리 궤도를 이용한다고 해도 짐을 끄는 건 말이니까요. 말의 수를 늘려 한 번에 운반할 수 있는 화물을 늘리지만 이조차도 한계가 있습니다. 운하도 아무 데나 팔 수는 없으니 물길을 이용할 수 없는 곳도 많고요.

이런 문제를 해결한 것도 한 단계 더 발전한 과학 기술이었

스티븐슨이 제작한 증기 기관차 모형입니다. 90톤의 화물을 싣고 시속 20km 정도의 속도를 냈다고 합니다.

습니다. 바로 증기 기관차가 나온 거죠. 앞서 뉴커먼과 와트가 차례로 증기 기관을 좀 더 효율적으로 개선했다면 이번엔 트레비식과 스티븐슨이 활약합니다. 리처드 트레비식이 만든 고압 증기 엔진을 탑재한 기관차가 현재 남아 있는 기록으론 가장 먼저 레일 위를 달립니다. 이전에는 증기를 아주 높은 압력으로 내뿜지 못했는데 트레비식의 개선으로 이를 극복합니다. 덕분에 아주 무거운 물건도 운반할 수 있게 되었죠. 이제 증기 엔진 하나가 내는 힘이 말 수십, 수백 마리를 넘어서게 됩니다.

그러나 상용화하기에는 문제가 있었습니다. 주철[1]로 만든 철로가 기관차의 무게를 견디지 못하고 깨지는 거였죠. 이 문제는 몇 년 뒤 조지 스티븐슨이 레일을 주철이 아닌 연철로 만들면서 해결했습니다. 뒤이어 강철이 대량 생산되고 스티븐슨이 월등히 뛰어난 성능을 가진 새로운 증기 기관차 로켓호를 만들면서 철도 위로 화물 이동이 활발해집니다.

영국에서 말 대신 증기 기관차가 끄는 열차가 선로 위를 달리게 된 건 19세기 초의 일입니다. 뒤를 이어 유럽 대륙의 다른 나라와 미국도 차례로 증기 기관차를 도입하죠. 육상 운송의 핵심이 됩니다. 말이 끌기 힘들었던 고산 지대도 증기 기관차는 문제가 없으니 유럽 대륙은 국경을 넘어 사방팔방으로 철도가 깔립니다. 시베리아에도 철도가 놓이고, 미국도 서부와 동부를 잇는 대륙 횡단 열차가 달립니다.

증기 기관을 단 열차는 유럽의 풍경을 완전히 바꾸고 당시 유럽의 식민지였던 아시아와 아프리카 등의 풍경도 바꿉니다. 증기 기관차는 100여 년 동안 철도의 주인공 역할을 하다가 20세기 중반이 되어서야 디젤 기관차로 대체되죠. 흔히 기차

---

1) 주철은 탄소 함량이 1.7% 이상인 철을 말합니다. 용광로에서 갓 나온 철은 모두 주철입니다. 연철은 탄소 함량이 0.1% 이하인 철입니다. 강철은 연철과 주철 사이의 제품으로 용도에 맞춰 탄소 함량을 조절합니다. 당시에는 주철에서 탄소를 제거하는 기술이 발달하지 않아 대량 생산을 하기 힘들었습니다.

소리를 칙칙폭폭이라고 표현하는 것도 증기 기관차가 증기를
뿜으며 달릴 때 나는 소리를 흉내 낸 것입니다.

증기 기관차와 철도가 바꾼 세상

증기 기관차의 도입은 가히 세상을 바꾸었다고 볼 수 있습니
다. 가장 크게는 이전에 비해 엄청나게 많은 물건과 사람을 역
시 엄청나게 빠르게 수송할 수 있었다는 거죠. 조선 시대 부
산에서 서울까지 가장 빠르게 가는 방법은 말을 타는 것이었
습니다. 그것도 말이 지치면 중간에 다른 말로 갈아타야 했죠.
다른 말로 갈아탈 수 있는 역은 보통 30리, 즉 12km마다 하
나씩 총 30여 개가 배치되어 있었습니다. 말을 서른 번쯤 갈아
타고 가는 거죠. 이렇게 쉬지 않고 가면 이론적으론 열다섯 시
간이 걸리지만 이런 식으로는 말을 타는 사람이 견디지 못합
니다. 부산에 왜구가 침략하면 서울까지 역마를 타고 소식을
전할 때 사흘이 걸렸다고 합니다. 정말 급한 소식이나 이렇게
전하는 거죠. 말을 타고 부산에서 서울로 가는 경우 보통 일
주일 이상 걸렸고, 짐을 싣고 갈 때는 보름 정도 걸렸다고 합니
다. 지금은 KTX를 타면 세 시간 정도 걸리는데 옛 증기 기관

19세기 초 영국 철도역의 모습입니다. 처음 사람을 태우던 증기 기관차의 객차는 지붕이 없었습니다.

차로 가더라도 한 열 시간이면 갈 수 있었습니다. 말을 타고 쉴 새 없이 가는 것보다도 다섯 배 이상 빠르고, 짐을 싣고 가는 것보다는 수십 배 빠른 거죠. 게다가 기관차 한 대로 열 대 이상의 객차나 화물차를 끌고 가니 말로 치면 수백 마리가 끄는 것보다 더 많은 짐이나 승객을 나를 수 있습니다.

증기 기관차가 등장하고 영국의 핵심 지역에 철도가 깔립니다. 런던, 맨체스터, 글래스고 등 중요 도시와 항구, 제철소와 광산이 연결되죠. 영국 전역에 3만 2000km의 철도가 깔립니다. 서울에서 부산까지가 400km니 그 80배에 달하는 철도가 깔린 거죠. 가히 전국이 철도로 연결되었습니다. 이렇게 되니 화물을 수송하는 비용이 예전에 비해 엄청나게 내려갑니다. 더구나 빠르기도 하고요. 처음에는 화물 위주였지만 곧 사람들도 열차를 타고 이동합니다. 걸어서 한 달을 잡던 길이 하루이틀이면 갈 수 있게 되니 지역 간 왕래가 잦아집니다.

우리나라의 경우를 예로 들어 보겠습니다. 1960~1970년대 전국에서 사람들이 일자리를 찾아 서울로 올라옵니다. 무작정 상경이라고 했죠. 당시 서울엔 버스밖에 없고, 그조차도 노선이 그리 많지 않았습니다. 사람들은 일자리가 있는 서울 중심부에서 버스로 한 시간 이내 거리에 주로 살았습니다. 되도록 사대문 안에 살려고 했죠. 하지만 그 좁은 지역에 들어설 수 있는 주택이 한정되어 있으니 청계천 변에 판잣집을 짓습니다. 수도도 없고, 전기도 잘 들어오지 않지만 일자리 가까이에 있으니까요. 그러다 사대문 근처의 산에도 판잣집이 들어섭니다. 공덕동, 안산, 낙산 등 사대문 주변의 산마다 무허가 주택이 빼곡히 들어서죠. 이런 곳을 산동네라고 불렀습니다.

1974년에 지하철이 개통합니다. 처음에는 1호선이 수원과 인천 그리고 서울의 도심을 이었습니다. 그러자 지하철이 지나는 길 주변으로 아파트, 빌라가 들어섭니다. 지하철을 타서 일자리가 있는 곳까지 1시간 정도면 가니까요. 수도권의 지하철 노선이 열 개가 넘는 지금은 지하철이 지나는 경기도 곳곳에 도시가 형성되어 있습니다. 분당, 일산, 용인, 수원, 의정부, 구리, 남양주, 광명, 부천 등 사람들이 많이 사는 곳은 항상 지하철이 지나는 곳입니다. 그중에서도 지하철역 주변에 집중되죠. 철도는 언제나 이런 역할을 했습니다.

물론 처음 철도는 주요한 몇 개 지점만 연결하죠. 우리나라에서 가장 왕래가 잦은 철도인 경부선은 수도권과 제2 도시인 부산을 잇기 위해 생겼습니다. 그러다 철도 중간중간 열차가 머무는 역이 생기면서 주변으로 도시가 발달합니다. 경부선 주변의 밀양, 대구, 구미, 대전, 천안 등은 이전보다 도시 규모가 훨씬 커졌습니다. 반대로 철도에서 멀면 도시의 성장이 지체되고 퇴락하기도 합니다. 철도가 국토의 모습을 바꾸고 삶의 양식마저 변하게 만드는 셈입니다.

철도에 의한 또 다른 변화가 있습니다. 철도로 인해 화물 운송 비용이 적게 들자 식량이나 생활필수품의 가격이 내려갑니다. 특히 식량은 그 효과가 컸습니다. 식량은 상대적으로 무게가 많이 나가다 보니 총 구입비에서 운송비가 차지하는 비율이 높았죠. 그런데 운송비가 낮아지니 먼 지역의 식량을 구입하는 것이 가능해졌습니다. 가령 전라도의 쌀 10kg이 현지에

영국 런던에서 세계 최초의 지하철 구간을 공사하는 모습입니다. 1863년 처음 개통했을 때는 증기 기관차가 지하 철도 위를 달렸습니다.

서 살 때는 1만 원이고 서울까지 운송비가 3만 원이라면, 서울에선 4만 원에 사야 합니다. 수송에도 며칠이 넘게 걸리고요. 서울 주변 경기도의 쌀이 비싸도 2만 원에다가 언제든 살 수 있다면 굳이 전라도의 쌀을 살 필요가 없죠. 자연히 전라도에선 주변에서 소비할 수 있을 정도만 쌀을 생산합니다. 하지만 호남선 철도가 놓인다면 어떻게 될까요? 전라도에서 수확한 쌀을 그다음 날 서울에서 살 수가 있고 가격도 1만 5000원밖에 하지 않는다면요. 서울 사람들은 비싼 경기도 쌀 대신 전라도 쌀을 사게 됩니다. 전라도 사람들은 이제 서울이나 부산에도 쌀을 팔 수 있으니 더 많이 생산하게 되겠죠.

우리는 국토가 좁다 보니 철도의 역할이 제한적이지만 유럽이나 미국, 중국 등 국토가 넓은 곳은 더 큰 폭의 변화가 이루어집니다. 미국의 도시 발전이 동부에 제한되어 있다가 서부까지 넓혀진 데도 대륙 횡단 철도가 큰 역할을 했습니다. 러시아도 시베리아 횡단 철도가 들어서면서 동부의 사할린이나 블라디보스토크, 하바롭스크 등의 발달이 더 빨라졌습니다.

산업 혁명의 어두운 그림자

방직기, 방적기, 제련법, 증기 기관 등 다양한 영역에서 개발된 새로운 기술이 산업 혁명을 이끌어 냈습니다. 하지만 기술 개발이 갑자기 떡하니 이루어지진 않습니다. 앞서 살펴본 것처럼 영국이 처한 다양한 상황이 기술 개발을 촉진했고, 또 요구했던 겁니다. 이런 사회적 필요와 요구가 없다면 기술이 개발되지도 않을뿐더러 기술이 있다 하더라도 사용할 생각을 하지 못해 자연스레 사라졌겠죠. 그런 의미에서 산업 혁명의 발생은 사회적 요구에 대한 응답이라고 보아야 합니다.

또 하나 산업 혁명을 가능하게 만든 다른 요인이 있습니다. 다시 18세기 산업 혁명 당시의 영국으로 돌아가 보죠. 불과 몇십 년 만에 면직물 생산량이 200배가량 늘어납니다. 또 철강 생산량도 100배가 넘게 늘어납니다. 철도가 국토 곳곳에 깔립니다. 이 모든 일이 가능하려면 한 가지 조건이 필요합니다. 바로 일을 하는 사람, 노동자가 있어야죠. 생산 효율이 아무리 좋아도 생산량이 100배가 넘는다는 건 해당 산업에 일하는 노동자가 급속히 증가했다는 걸 의미합니다.

그럼 노동자들은 어디서 조용히 기다리고 있다가 공장이 세워지고 일거리가 생기자 불쑥 나타난 걸까요? 그건 아닙니다. 노동자 중 일부는 이전부터 물레와 베틀을 가지고 천을 만들던 가내 수공업자였습니다. 더 이상 가내 수공업으로 일을 할 수 없으니 공장 노동자가 된 거죠. 하지만 이들은 소수에 불과했습니다. 더 많은 이들은 농부였다가 도시 빈민이 되었다가 다시 노동자가 된 사람들이며, 또 그들의 자녀였습니다. 산업 혁명 이전 영국은 다른 나라와 마찬가지로 전형적인 농업 국가였습니다. 대부분이 농사를 지으며 생계를 유지했죠. 그런데 산업 혁명 직전과 그 이후에 중요한 변화가 생겼습니다.

하나는 모직물 산업의 발달입니다. 쉽게 말해서 양털로 옷감을 짜고 이걸로 옷을 만드는 일이 성장한 거죠. 이미 영국은 전 세계 해상 무역을 장악한 상태였기에 모직물을 만들어 다른 나라에 파는 게 수입이 아주 좋았습니다. 돈이 많은 이들이 늘어나니 자연스레 고급스런 모직물이 잘 팔렸습니다. 당연히 양털 값도 올랐죠. 그렇게 되자 토지를 소유하고 있던 귀족과 부농들(젠트리라고 불렸습니다) 생각이 바뀝니다. 이전에는 소유하고 있던 토지를 농민들에게 빌려줘 농사를 짓게 하고 그 대가를 지대(토지 소유자가 토지 사용의 대가로 받은 현물이나 화폐)의 형태로 받았는데 그보다 토지를 회수해서 그곳에 풀밭을 일궈 양을 키우는 것이 낫다고 여긴 거죠. 그곳에서 농사를 짓던 농민들은 하루아침에 농사 지을 땅을 뺏기고 말았습니다. 농사를 지을 수 없으니 농촌에 살 수가 없죠. 이들은 일자리를 찾아 도시로 모여들었습니다.

또 하나 농사를 짓는 방법도 바뀌었습니다. 이전에는 농사 짓는 땅을 누가 사용하는지 명확히 구분하지 않았습니다. 원래 모두 지주의 땅이었는데, 이를 매년 혹은 2~3년에 한 번씩 어떤 땅에는 농부 자신이 가질 곡식을 재배하고 다른 땅에는 지주에게 줄 곡식을 재배하고 또 다른 곳은 놀리는 식이었죠. 필요한 농기구나 가축도 지주에게 빌리고 그 비용을 추수할 때 곡식으로 지불했습니다. 그리고 농사를 짓는 땅 외에 소나 말에게 풀을 먹이던 목초지, 버섯과 열매 등을 수확할 수 있는 숲 등은 공유지로 모두가 같이 썼습니다.

그런데 지주들이 농부들에게 빌려주던 땅을 회수하여 농업 노동자를 고용했습니다. 농업 노동자에게 농사를 짓게 하고 임금을 지불했죠. 또 원래 농부들이 자유롭게 이용하던 공유지에도 울타리를 쳐서 더 이상 이용할 수 없게 제한했습니다. 이제 농부들은 지주의 땅에서 농사를 짓고 임금을 받는 노동자가 되거나, 그곳을 떠날 수밖에 없었습니다.

이렇게 더 이상 농촌에서 살 수 없게 된 이들이 도시에 왔습니다만 도시라고 쉽게 일자리가 나진 않았습니다. 일자리가 없으니 당장 먹고살 일이 막막하죠. 이들 중 일부는 좀도둑이 되고 일부는 거리에서 구걸을 합니다. 도시 빈민이 급증해서 커다란 사회 문제가 생겼던 시기가 산업 혁명이 시작될 때쯤이었습니다. 이때 영국에서는 구빈법[2]이 제정됩니다. 당시 영국의 국교는 성공회였는데, 성공회 교구로 하여금 빈민들을 구제하도록 했죠. 하지만 구빈법은 집도 일자리도 없는 이들에게는 아주 가혹한 법이기도 했습니다. 여자나 아이는 그나마 구빈법의 혜택을 받았지만 건장한 부랑인에겐 구걸을 금지했고,

---

2) 구빈법은 1601년 영국 여왕 엘리자베스 1세에 의해 처음 제정되었으며 1834년 영국의회에서 신구빈법을 제정합니다. 구빈법 이전에는 각 지역의 영주들이 빈민층 구제에 대한 책임이 있었습니다.

반복해서 어기면 사형까지도 내릴 수 있었습니다. 또 여자나 아이가 들어간 구빈원에서는 강제 노동이 행해졌습니다. 그래서 구빈법은 피의 입법이라 불리기도 했습니다.

도시 빈민과 아동 노동

도시 빈민은 산업 혁명 당시 공장에서 일할 노동자가 되었습니다. 그런데 영국은 소위 자유방임 사회였습니다. 국가에 반역 행위를 저지르거나 다른 사람을 죽이거나 물건을 훔치는 등의 범죄만 저지르지 않는다면 무슨 일을 하건 국가가 크게 상관하지 않았죠. 어찌 보면 누구에게나 자유로운 사회처럼 보이지만 사실은 부자와 권력자에게만 아주 유리한 사회였습니다.

당시 한창 성장하던 섬유 산업이나 광산업 등은 많은 노동자가 필요했습니다. 하지만 일자리를 구하는 사람이 훨씬 더 많았죠. 이런 상황에서 국가가 아무런 제재도 하지 않으니 공장이나 광산을 소유한 사람들은 아주 낮은 임금으로 노동자를 고용합니다. 당장 굶어 죽을 판인 빈민들 입장에서는 아무리 임금이 낮아도 일을 할 수밖에 없습니다. 당시 도시 빈민들의 삶을 적은 기록을 그대로 인용해 보겠습니다.

그는 사람들이 세간 하나 없이, 아무것도 없이 살아가고 남녀 두 쌍이 흔히 방 하나를 함께 쓰는 자기 교구처럼 궁핍한 곳을 본 적이 없었다. 어느 날 그는 일곱 가구를 방문했지만 침대가 하나도 없었고 몇몇 가구는 밀짚 더미조차 없었다. 여든 살 노인들이 마룻바닥에서 잠을 자고, 거의 모두가 낮에 입는 옷을 그대로 입고 잔다. 한 지하실에서 그는 스코틀랜드 시골 출신인 두 가구를 발견했다. 그들이 이 도시로 이주하자마자 자식 둘이 죽었고, 그가 방문했을 때 세 번째 자식이 죽어 가고 있었다. 두 가구는 각자 방 한구석에 더러운 밀짚 더미를 쌓아 두고 있었다. 그 지하실은 두 가구 외에 당나귀 한 마리의 거처이기도 했고, 너무 어두워서 낮에도 사람을 구별할 수 없었다.[3]

이런 지경이니 불만이 가득해도 일을 할 수밖에 없었습니다. 하지만 임금이 너무 낮아 가장(대부분 남성이었습니다)만 일해선 가족 전체가 생계를 유지할 수 없었죠. 할 수 없이 아내도 아이들도 모두 일을 하러 나섭니다.

지금도 그렇지만 당시에도 남성보다 여성이, 성인보다 미성

---

3) 영국 노동 계급의 상황 (프리드리히 엥겔스 지음, 라티오) 76쪽에서 인용

년자가 더 낮은 임금을 받았습니다. 그러니 큰 힘을 쓸 일이 아니면 성인 남성보다 여성과 미성년자를 고용하는 것이 기업주 입장에선 더 유리했습니다. 자유방임 사회다 보니 뭐라 하는 사람이 없었죠. 미성년자 임금이 가장 싸서 방직 공장이건 탄광이건 노동하는 아이들이 넘쳐 났습니다. 열대여섯의 청소년이 아니라 여섯, 일곱 살의 어린이들이 공장과 탄광에서 일을 합니다. 제대로 된 노동법도 없던 시절이었죠. 아침 여섯 시나 일곱 시에 시작한 일은 날이 어두워 일을 하기 힘들 정도가 되어서야 끝났습니다. 그러고도 이들이 받는 임금은 온 가족이 합쳐도 겨우 매일매일을 버틸 정도였죠. 아래 인용 글을 보면 당시 아동 노동이 어떤 상황이었는지를 알 수 있습니다.

- 몇 살입니까?
  - 스물세 살입니다.
- 몇 살 때 공장 일을 시작했나요?
  - 여섯 살 때입니다.
- 어떤 공장이었나요?
  - 아마 천을 짜는 공장이었습니다.
- 공장에서 맡은 일은?
  - 도퍼(직조된 직물을 거두는 일꾼)였습니다.

- 작업 시간은 몇 시부터 몇 시까지였습니까?

  - 일이 밀리면 새벽 다섯 시부터 밤 아홉 시까지 했습니다.

- 일이 밀리지 않을 때 작업 시간은?

  - 새벽 여섯 시부터 저녁 일곱 시까지였습니다.

- 일을 잘못 하거나 늦을 때 어떤 일을 당합니까?

  - 혁대로 맞았습니다.

- 심하게 맞았습니까?

  - 그렇습니다. 감독이 혁대를 들고 호루라기를 입에 물고
    쇠사슬을 가지고 있을 때가 있는데, 아이들을 쇠사슬로
    묶어 놓고 방을 가로질러 가며 혁대질을 했습니다.

- 당신의 몸에 상당한 기형이 생긴 것은 이 노동 때문인가요?

  - 예, 그렇습니다.

- 복사뼈가 약해지고 다리가 휘는 것은 흔한 일입니까?

  - 예, 아주 흔한 일입니다.

- 지금은 어디에서 삽니까?

  - 빈민 구제소에서 삽니다.[4]

아동 노동은 국가로 볼 때도 심각한 문제였습니다. 노동하
는 아동에 대한 연민이 아니라 국가의 미래 때문이죠. 혹독한
노동은 어린이나 청소년이 건강하게 성장할 수 없게 만듭니다.

어린아이들이 공장에서 일하는 모습은 20세기 초까지도 볼 수 있었습니다.

성인이 되어 노동자가 될 이들의 건강 상태가 나빠지면 건강한 어른이 부족해질 수밖에 없죠. 그러나 영국과 유럽의 다른 나라, 미국 등 당시 선진국에서 일했던 노동자의 비참한 삶은 별로 개선되지 않고 20세기 초까지 지속되었습니다.

---

4) 1831~1832년 영국 의회 보고서, 『사료로 읽는 서양사 4』(이영효 편저, 책과함께) 342쪽에서 재인용

19세기, 기술이

일상 속으로 들어오다

산업 혁명 후 남은 숙제

19세기 중반이 되자 영국에서 시작된 산업 혁명이 미국, 프 랑스, 벨기에, 네덜란드 등에서도 자리 잡습니다. 유럽의 다른 지역, 동부와 남부는 막 산업 혁명의 흐름에 올라타기 시작할 때였죠. 이 시기 유럽은 전쟁으로 날이 새던 이전 세기와 달리 평화로웠습니다. 나폴레옹 전쟁이 끝난 1815년에서 1차 세계 대전이 시작되는 1914년까지 100년 정도의 기간 동안 전쟁이 별로 없었죠. 그래서 이 시기를 '백년 평화'라고 부릅니다. 프랑 스에서는 아름다운 시절이란 뜻의 '벨 에포크'라고 부르기도 하죠. 영국도 빅토리아 시대라고 해서 최전성기를 누리고 있었 습니다.

평화로운 시기, 유럽의 나라들은 박람회를 열어 각국의 새로운 기술을 선보이기도 했습니다. 이 그림은 1851년 영국의 만국 박람회장인 수정궁 내부의 모습을 표현한 것입니다.

영국은 여전히 전 세계 최고의 공업국이면서 수출국이었지만 프랑스나 독일, 미국의 추격도 만만치 않았습니다. 19세기 중반쯤 미국과 유럽은 전 세계를 쥐락펴락했지만 여러 가지 새로운 고민도 있었습니다.

먼저 산업 혁명을 통해 유래 없는 부를 쌓던 나라들은 인구 또한 지속적으로 늘어납니다. 인구가 늘어나니 식량도 많이 필요했죠. 언뜻 생각하기에 식민지가 많으니 그곳에서 부족한 식량을 생산하면 될 것 같지만 속사정을 살펴보면 그렇지 않습니다. 우선 당시 식민지는 대부분 바다에 면한 항구였습니다. 아시아에서는 인도, 동남아시아, 중국과의 무역을 위해 교두보 역할을 하는 항구 도시 정도가 직접 관리하는 식민지였고, 나머지 지역은 대부분 독립 국가 형태를 유지하고 있었습니다. 아프리카도 마찬가지입니다. 노예 무역을 중심으로 아프리카 해안에 몇몇 도시를 세운 정도였지 내륙을 지배하고 있지는 않았습니다. 스페인과 포르투갈의 식민지였던 중남미는 대부분 독립한 상태였죠. 그리고 식량은 비용에 비해 부피와 무게가 많이 나가기 때문에 대륙 간 이동이 쉽지 않았습니다. 유럽은 어떻게든 자체적으로 식량 문제를 해결해 나가야 했죠.

또 다른 고민은 유럽과 다른 지역을 어떻게 연결할 것인가였습니다. 유럽에서 당시 중요한 공업 국가이자 원료 공급지였던 미국으로 배를 타고 가면 1주일 정도가 걸렸습니다. 또 인구와 공장이 늘고 여러 산업이 발달하면서 물자와 인력의 수송에 대한 요구가 컸습니다. 철도만으로는 모두 감당할 수가 없었죠. 새로운 교통수단이 필요하게 됩니다.

게다가 유럽의 나라들이 전 세계에 식민지를 두게 되면서 본국과 식민지 사이의 빠르고 원활한 소통에 대한 요구도 커집니다. 전 세계를 대상으로 국가를 운영하고 무역 규모도 크니 유럽과 미국, 아시아를 잇는 더 빠르고 안정적인 통신 수단이 필요하게 된 거죠.

　마지막으로 유럽과 미국의 고민은 과잉 생산 문제였습니다. 영국이 산업 혁명으로 먼저 치고 나가자 프랑스와 독일, 미국 등 후발 주자들이 이를 따라잡으려 애쓰는 가운데 생산 시설이 늘어납니다. 이제 소비하는 양보다 생산하는 물건이 더 많아집니다. 그러니 나라마다 서로 시장을 확보하는 일이 아주 급해졌습니다. 또 원료를 구하는 것도 이전보다 힘들어졌죠.

　이런 상황에서 19세기 후반이 되자 20여 년간의 긴 불황이 유럽과 미국 등 선진국들에 큰 고통을 안깁니다. 이를 해결하기 위해 유럽과 미국은 제국주의 정책으로 탈출구를 찾았고, 이는 아시아와 아프리카 선주민들에게 커다란 고통이 되었습니다. 결국 제국주의 정책을 펼치던 미국과 유럽의 각 나라들은 1차 세계 대전과 2차 세계 대전이라는 인류사에 씻을 수 없는 참혹한 전쟁의 상흔을 안기고 맙니다.

식량 위기를 극복한 농업 혁명

　1750년 유럽 인구는 약 1억 9000만 명 정도였는데 1900년이 되자 두 배가 넘는 4억 명 정도가 됩니다. 이 기간 유럽보다 더 빠르게 인구가 증가한 곳은 아메리카 대륙뿐입니다만 아메리카의 인구가 증가한 것은 노예 무역과 유럽에서의 이민이 주된 이유였습니다. 아메리카의 인구는 1800만 명에서 1억 5600만 명으로 늘어났는데, 아프리카에서 끌려간 노예의 수만 해도 1000만 명이 넘었고 이들 노예의 후손도 인구 증가에 영향을 끼쳤습니다. 또 아일랜드나 이탈리아 등에 대기근이 닥치자 북아메리카로 이민을 떠난 이들도 수백만 명에 이르죠. 노예 제도가 금지된 후 중국이나 일본 등 아시아인들도 아메리카의 농장에서 일하기 위해 이민을 떠납니다.

어쨌든 유럽은 인구가 크게 늘어 식량 문제가 점차 심각해집니다. 물론 아메리카 대륙에서 들여온 감자가 식량 문제를 조금 완화시키긴 했습니다. 같은 농지에 감자를 기르면 밀을 키우는 것보다 수확량도 많았고, 밀이 자라기 힘든 땅에서도 잘 자랐으니까요. 18세기 이후 유럽의 가난한 이들은 감자가 주식이었습니다. 고흐의 유명한 '감자 먹는 사람들'도 이 시기의 작품이죠. 하지만 감자도 늘어나는 인구를 감당하긴 힘들었습니다.

식량 문제를 해결하는 가장 간단한 방법은 농지를 늘리는 것인데 이는 이미 한계에 달했습니다. 영국이든 프랑스든 독일이든 쓸 수 있는 농지는 모두 경작하고 있던 중이었죠. 두 번째 방법은 외국에서 농산물을 들여오는 겁니다. 그런데 비교적 유럽에서 가까운 미국도 카리브해나 남아메리카도 대부분의 경작지에는 돈이 되는 목화나 고무, 커피, 바나나 등을 심고 있었습니다. 미국 중부에서 밀 농사를 짓긴 했지만 그것만으로는 감당이 되질 않았죠.

때마침 이 시기 남아메리카에서 대단한 걸 발견했습니다. 새 똥이 굳은 구아노였죠. 외딴섬이나 절벽 등 천적이 별로 없는 곳에 바다 새 수만 마리가 한데 모여 삽니다. 모여 살다 보니 이 지역에 새똥이 집중적으로 쌓이게 되죠. 비가 많이 내리는 곳이라면 씻겨 내려가겠지만 남아메리카 서해안 쪽은 워낙 건조해서 그냥 말라 굳어 버립니다. 이런 새똥이 수천 년, 수만 년 굳어 만들어진 것이 구아노인데, 비료로서 최고의 물질이었습니다.

식물은 광합성으로 에너지를 얻지만 그 외 필요한 물질은 땅에서 흡수합니다. 그중 가장 중요한 것이 질소와 인 성분입니다. 질소는 단백질을 만드는 데 필수고 인은 DNA나 RNA 등 번식과 성장에 필수입니다. 밭에서 밀이나 보리를 키울 때 가장 부족한 게 이 두 성분이죠. 그래서 한 해 밀 농사를 지으면 그다음 해에는 밭을 묵히고, 또 그다음 해에는 콩이나 클로버, 순무 등 뿌리혹박테리아를 통해 질소 성분을 생성하는 작물을 키워야 했습니다.

그런데 구아노를 갈아서 밭에 뿌리면 매년 밀 농사를 지어

도 잘 자랐습니다. 그뿐이 아니었습니다. 농사를 짓기 힘든 척박한 땅도 구아노를 뿌리면 농사를 지을 수 있었습니다. 당시 페루는 구아노를 수출해서 엄청난 수익을 올렸죠. 하지만 워낙 농사 짓는 사람들마다 구아노를 뿌려 대니 페루 등에 매장되어 있던 구아노는 곧 바닥을 드러내게 됩니다. 여기에는 한 가지 이유가 더 있는데 구아노가 화약의 재료이기도 했던 겁니다. 항상 전쟁에 진심이었던 유럽 각국은 농사용 비료로 쓰기에도 모자란 구아노를 화약을 만드는 데도 썼던 거죠. 결국 얼마 가지 않아 구아노를 구하기 어렵게 되고 가격은 천정부지로 치솟습니다. 페루 말고도 구아노가 있는 곳은 여럿 있었지만 대량 생산은 어려웠죠. 특히 식민지가 별로 없던 독일은 더 치명적이었습니다. 다른 나라는 식량이 부족하면 어떻게든 식민지에서 가져오지만 독일은 방법이 없었죠.

　독일은 비료와 화약 원료로 쓰면서 대량 생산할 수 있는 대체품이 필요했습니다. 바로 암모니아죠. 암모니아는 질소 원자 하나와 수소 원자 세 개가 모인 분자인데 이를 가공하면 질산염이 되어 비료나 화약 원료로 쓸 수 있습니다. 문제는 암모니아를 자연적으로 합성하는 게 쉽지 않습니다. 번개가 칠 때 생성되거나 아니면 동물의 소변에서 채취하는 방법밖에 없었죠.

　17세기부터 과학으로 정립하기 시작한 화학은 이즈음 공학적으로도 연구가 이루어졌습니다. 증기 기관을 제작하는 과정에서 획득한 고압과 고온을 다스리는 기술이 크게 작용한 거죠. 이때 독일의 화학자 프리츠 하버가 등장합니다. 하버는 고압과 고온에다가 촉매를 더하여 공기 중의 질소와 수소를 암모니아로 합성할 수 있는 방법을 찾아냈습니다. 암모니아의 대량 생산이 가능해지자 화학 비료를 양껏 생산할 수 있게 되었습니다. 이후 화학 비료로 인해 유럽은 충분한 식량을 확보하기 시작했습니다. 인구 증가로 인한 식량 위기가 해결되었죠. 하지만 암모니아를 원료로 만들어진 화약은 총알과 대포를 대량 생산할 수 있게 만들기도 했습니다.

정보 전달 방식의 변화, 커뮤니케이션 혁명

연락을 주고받을 수 있다는 건 생각보다 대단히 중요한 일입니다. 가령 인도에 가뭄이 들어 목화솜 생산이 대폭 줄었다는 걸 영국에 있는 사업가가 다른 사람보다 먼저 알았다면 어떨까요? 이 사람은 다른 사람들보다 앞서서 목화솜을 사재기합니다. 나중에 이 사실이 알려지면 목화솜 값이 올라갈 테까요. 또 러시아와 스웨덴 사이에 전쟁이 일어났다는 사실을 프랑스가 영국보다 먼저 알게 되면 어떨까요? 이 또한 외교에서 상당히 중요한 이점이 됩니다.

예로부터 나라들은 저마다 빠르게 정보를 전하는 방법을 고민했습니다. 대표적인 것이 봉화입니다. 산꼭대기에 봉화를 설치해서 외적이 침략하면 그 사실을 빠르게 알리는 거죠. 그런데 봉화는 알릴 수 있는 정보의 양이 많지 않고 또 수도와 국경 사이에만 설치되어 있어 한계가 있죠. 이를 보완하는 방법으로 역참을 설치하기도 했습니다. 나라의 지역마다 말을 보관하는 역을 둬 정보를 가진 이가 말을 갈아타면서 빠르게 소식을 전할 수 있었습니다. 하지만 이 또한 말이 달리는 속도가 한계입니다.

이런 문제를 해결하기 위해 유럽의 국가들이 만든 것이 전신(傳信, Telegraph)입니다. 봉화와 비슷한 체계였죠. 다만 봉화가 불을 피운 거라면 전신은 높은 곳으로 사람이 올라가 깃발로 신호를 보낸다는 것이 다른 점이죠. 봉화에 비해 훨씬 많은 정보를 전달할 수 있었습니다. 이를 이용해서 프랑스는 국경에서 일어난 일을 몇 시간 안에 수도 파리까지 전달할 수 있었죠. 하지만 전신도 한계가 있었습니다. 봉화보다 많다고 해도 전달할 수 있는 정보량이 원하는 것보다는 너무 적었습니다. 또 대부분 정부가 군사적 목적으로 운영하는 것이라 일반

18세기 프랑스에서 전신(傳信)을 활용해 정보를 전달하는 장면을 표현한 그림입니다. 깃발의 모양이나 배치를 달리하여 간단한 정보를 전달할 수 있었습니다.

인들이 이용할 수 없다는 점, 바다를 넘어 전달할 수도 없다는 점이 있고요. 유럽과 미국 사이, 유럽과 다른 식민지 사이에서도 사용할 수 없었죠.

여기서 한 단계 더 발전한 게 전신(電信, electrical telegraph)이었습니다. 한글로는 둘 다 '전신'이라고 쓰지만 앞의 전신에 쓰이는 전(傳)이 전달한다는 의미인데 반해 새로 선보이는 전신의 전(電)은 전기를 의미하죠. 즉 전기 신호로 정보를 전달하는 방법입니다.

원리는 간단합니다. 두 장소를 전기로 연결합니다. 그리고 소식을 보내는 이가 전신기의 스위치를 눌렀다 뗐다를 반복합니다. 누르면 전류가 흐르고 떼면 전기가 끊깁니다. 이걸 가지고 정보를 전달하는 거죠. 짧게 끊어지면 점(·), 전류가 길게 이어지면 선(─)으로 구분하여 표기합니다. 흔히 긴급 조난 신호로 쓰는 SOS가 처음 고안된 것이 바로 이 전신입니다. S는 점 세 개가 이어지는 것, O는 선 세 개가 이어지는 것으로 표시를 하는데, 서너 번 스위치를 누르는 것으로 알파벳과 숫자를 모두 전달할 수가 있습니다. 이제 전선만 깔아 주면 어디든 거의 즉시 정보를 주고받을 수 있는 거죠.

유럽의 각 나라들이 전선을 연결해 전신을 주고받기 시작했고, 대서양과 태평양, 인도양 바다 아래에 전선이 깔립니다. 유럽을 시작으로 아메리카, 아시아 곳곳에도 전선이 깔립니다. 이제 전 세계가 전신으로 이어지게 되었습니다. 인도에서 봉기가 일어났다는 소식이 영국에 알려지는 데 보름이 넘게 걸리고, 미국 서부 LA에서 일어난 일이 동부 워싱턴에 전해지는 데 최소 1주일이 필요하고, 한국에서 3.1 운동이 일어났다는 소식이 한 6개월은 지나야 유럽에 전해졌지만 전신이 깔리니 이제 그날 바로 알 수 있게 된 거죠. 세상이 완전히 변했습니다.

연이어 전기를 이용해 정보를 전하는 또 다른 방법이 개발됩니다. 전화입니다. 송화기에 대고 말을 하면 음파가 전기 신호

로 바뀝니다. 전선을 타고 전달된 전기 신호는 수화기에서 다시 음파, 소리로 바뀌죠. 전화를 최초로 발명한 사람은 따로 있지만 미국에서 최초로 특허 등록을 한 이는 그레이엄 벨이었습니다. 미국에서 시작된 전화는 서서히 전 세계로 퍼져 나갑니다. 전신은 전신기를 통해 정보를 주고받는 일이 전문적이라서 일반인들이 접근하기 어려웠던 데 비해 전화는 전화기만 있으면 누구나 통화를 할 수 있었습니다. 다만 전화 회선이 받고 거는 이들 모두에게 연결되어 있어야 해서 모든 사람이 다 이용하기까진 시간이 걸렸죠.

전신과 전화에 이어 발명된 것은 라디오와 TV였습니다. 둘 다 전파(radio wave)를 이용합니다. 방송국 송신탑에서 전파를 사방으로 퍼뜨리면 안테나를 가진 곳에서 그 전파를 수신하는 게 기본 원리입니다. 라디오 방송국에서는 음성 정보를 전파로 변화시키고, TV 방송국은 영상 정보와 음성 정보를 전파로 변화시키는 것만 다르죠. 물론 전파가 전달되는 거리에는 한계가 있어서 초기에는 대부분 지역 방송뿐이었습니다. 도시 하나 정도를 연결하는 게 최선이었죠. 그러다 중계소를 설치하고, 이곳에서 전파를 다시 송출하는 방식으로 전국을 연결하는 게 가능해졌습니다. 19세기 말부터 20세기 초 사이 선진국과 식민지 일부에서 라디오와 TV 방송이 새로운 문물로 자리 잡게 됩니다. 물론 전신이나 전화와 달리 라디오와 TV는 일방적인 전달이긴 했지만, 일반인들에게 빠르게 여러 소식을 전달하는 대중 매체가 새로운 기술을 통해 등장하는 순간이었습니다.

더 멀리 더 빠르게, 교통 혁명

산업 혁명에서 등장한 증기 기관차와 철도는 이전과는 다른 속도로 대량의 화물과 사람을 나르는 수송 혁명의 시작이었습니다. 하지만 곧 더 많은 장소로, 더 빠르게, 그리고 더 싸게 화물과 사람을 이동시키는 수단에 대한 요구가 빗발쳤습니다.

처음은 증기선입니다. 육지에는 증기 기관차가 달렸지만 바다에는 아직도 돛을 단 범선이 주요 이동 수단이었습니다. 자연의 힘을 이용하는 거죠. 기차에 비하면 아주 느린데다 바람의 세기나 방향에 따라 속도가 제멋대로였습니다. 거기에 바람을 이용하다 보니 실을 수 있는 짐과 사람 수에도 한계가 있었죠.

군에서도 요구가 있었습니다. 영국과 미국, 프랑스 등 당시 세계를 호령하던 국가에게 가장 중요한 것은 해군이었습니다. 비행기가 아직 없던 시기 전 세계에 흩어져 있는 식민지를 유지하고 무역로를 지키기 위해선 해군을 키우는 것이 가장 중

19세기 중반 미국 테네시강을 가로지르던 증기선의 모습입니다. 아직 배의 몸체는 나무로 만들어져 있습니다.

요했죠. 다른 나라의 배보다 더 빠르면서 바람의 영향을 덜 받는 큰 규모의 전함을 만들고 싶었습니다. 당연히 기관차에 쓰는 증기 기관을 이용하고 싶었죠.

　여러 기술자가 달려들어 마침내 증기선을 만듭니다. 증기의 압력을 이용해서 프로펠러를 돌리는 방식이죠. 처음에는 강에서 운항하는 작은 증기선으로 시작했습니다. 증기선이 나오자 더 이상 말이 배를 끌 필요가 없었죠. 처음 나온 증기선은 배 한쪽 옆에 프로펠러가 있는 외륜선이었지만 기술이 발달하면서 프로펠러를 배 후미 아래쪽에 달 수 있게 됩니다. 배를 나타내는 일러스트에서 흔히 볼 수 있는 굴뚝이 두 개 있는 모습은 바로 이 증기선에서 비롯된 것이죠. 타이타닉호도 증기선이라 거대한 굴뚝이 세 개 있는 모습입니다.

증기선은 석탄의 힘으로 움직이니 기존의 배보다 훨씬 많은 짐과 사람을 옮길 수 있고, 전투함의 경우 무거운 화포도 더 많이 장착할 수 있게 됩니다. 기존 선박에 비해 더 크게 만들어도 되죠. 이제 배를 만드는 방식이 바뀝니다. 크기가 작을 때는 나무를 써도 됐지만 배의 규모가 점점 커지자 나무보다 튼튼하고 효율적인 재료를 찾게 됩니다. 얇지만 튼튼하고 어느 정도 유연성도 갖춘 재료, 강철이 딱이었습니다. 강철은 앞서 살펴본 것처럼 탄소 함유량이 0.1%~1.7% 사이인 철인데 초기에는 대량 생산이 힘들어 가격이 아주 비쌌습니다. 하지만 증기선이 등장할 즈음 대량으로 생산하는 기술이 개발되면서 증기선은 이제 나무 대신 철로 만들어집니다.

시간이 흘러 배를 움직이던 증기 기관은 디젤유로 움직이는 내연 기관으로 대체가 되지만 아직도 항공 모함은 대부분 증기 기관을 이용합니다. 물론 지금의 증기 기관은 더 이상 석탄으로 운영되진 않습니다. 소형 원자로나 디젤 그리고 가스를 연료로 사용합니다.

증기선 다음으로 사람들이 관심을 가진 건 말과 마차를 대체할 수단이었습니다. 기차는 정해진 철도 말고는 다른 곳으로 갈 수가 없습니다. 가령 뉴욕에서 출발한 대륙 횡단 철도는 LA까지 갑니다. 그 중간에 역이 있죠. 그중 한 역에 사람과 화물이 내리면 이제는 마차를 타거나 말을 타야 합니다. 철도의 속도와 비교할 수 없죠. 도시 내부에서도 마찬가지입니다. 도시 철도가 놓이기 시작했지만 모든 곳을 가는 건 아니죠. 거기다 정해진 코스로만 움직이니 시간이 더 걸리는 경우도 많습니다. 기차에서 내려서 이용하는 이동 수단은 역시 말과 마차입니다. 제가 좋아하는 셜록 홈스 드라마를 보면 마차를 불러 역까지 가서 기차를 타고, 다시 내려선 마차를 타는 모습이 나오는데 딱 19세기 모습이었습니다.

사람들은 증기 기관을 이용해서 기차가 움직이니 마차에도 증기 기관을 달면 되지 않을까 하고 생각했습니다. 아니면 막 개발되기 시작한 전기나 당시 난방과 전등에 사용한 석유를 이용하는 것도 연구했죠. 마차에서 말을 떼어 내고 무얼 붙일 것인가를 놓고 이 세 가지, 증기 기관, 석유를 이용한 내연 기관, 그리고 전기 모터가 경쟁을 했습니다. 결과는 다들 알다시피 내연 기관 자동차의 승리입니다.

내연 기관과 증기 기관의 결정적 차이는 물의 사용 여부입

1885년에 제작된 최초의 내연 기관 자동차 모습입니다. 1888년에는 106km의 운행에 성공했습니다.

니다. 증기 기관은 석탄을 태워 물을 끓이고, 이렇게 생긴 수증기의 힘으로 자동차든 열차를 움직이는 기관입니다. 그래서 석탄을 태워 물을 끓이는 곳과 그 힘으로 피스톤의 수직 운동을 회전 운동으로 바꾸는 곳이 따로 설치되어야 합니다. 피스톤 바깥에 석탄을 태우는 곳이 있다고 해서 외연 기관이라고 부르죠. 하지만 내연 기관은 다릅니다. 석유를 피스톤이 들어 있는 엔진 내부에 뿌려서 폭발시킵니다. 그러면 폭발 과정에서 아주 뜨거운 기체가 팽창하게 되는데 이 힘으로 피스톤을 움직이는 거죠. 하나의 기관, 즉 엔진만 있으면 됩니다. 피스톤이 들어 있는 엔진 내부에서 연소가 일어난다고 내연 기관이라고 부르는 거죠. 이 차이 때문에 증기 기관과의 경쟁에서 내연 기관이 이겼던 겁니다.

기계 장치가 단순하니 크기를 줄일 수 있습니다. 거기에 석탄보다 석유가 부피가 작고 무게도 덜 나가고 액체다 보니 보관하기도 쉽습니다. 물론 기차처럼 덩치가 크면 증기 기관처럼 크기가 좀 커도 괜찮지만 마차 정도의 크기라면 내연 기관이 훨씬 효율적인 거죠. 전기 자동차도 등장합니다만 경쟁이 되질 않습니다. 당시 배터리 용량이 워낙 작아서 시내를 다니는 것도 버거웠기 때문이죠.

자동차 다음은 비행기입니다. 교통 혁명에 정점을 찍었죠. 미국에서 유럽으로 이동하는 데 하루도 걸리지 않았으니까요. 바다, 산맥, 사막이 가로막아도 그저 하늘로 통과하는 비행기에겐 큰 문제가 아니었습니다. 비행기가 하늘을 나는 기본 원리는 양력입니다. 양력은 날개의 위쪽과 아래쪽을 통과하는 바람의 속도 차이로 아래쪽의 공기가 날개를 위로 미는 힘이죠. 양력이 크려면 날개가 커야 합니다. 또 속도가 빨라야 하죠. 하지만 아무리 양력이 커도 비행기가 너무 무거우면 날기 힘듭니다. 이 세 가지 조건을 모두 맞추기란 쉬운 일이 아니

라이트 형제가 비행 실험을 하는 장면입니다. 첫 비행에서 37m를 날았습니다.

었습니다. 유럽과 미국의 수많은 발명가들이 비행기를 만들기 위해 연구를 하고 실험을 합니다만 첫 비행의 영광은 미국의 라이트 형제에게 돌아갑니다.

과학과 공학의 결합, 전기의 시대

전기를 본격적으로 사용하게 된 건 19세기 후반입니다. 전기를 발견한 건 기원전까지 올라가야 하지만 과학적 원리가 제대로 밝혀진 건 19세기 초·중반이었습니다. 1827년 독일의 과학자 게오르크 옴은 '옴의 법칙'을 통해 전류와 전압 저항의 관계를 밝혀냈고, 1831년 영국의 과학자 마이클 패러데이가 전자기 유도 법칙을 발표하면서 모터와 발전기의 이론적 기반을 확보합니다. 그리고 1864년 영국의 물리학자 제임스 맥스웰이 전자기 현상 전체를 네 가지 방정식으로 정리합니다. 이런 과학의 발전은 19세기 후반 실제 생활에 사용되는 전기 기구의 발명으로 이어집니다.

사실 19세기 중반까지 산업 혁명에 이바지한 기술적 발견은 과학과는 관련이 별로 없었습니다. 이론적 기반 없이 기술자들이 실제 작업하면서, 그리고 실패를 거듭하면서 밝혀내고 발명한 것들이었죠. 하지만 19세기 후반 들어서는 과학 이론에 기반하고 그 방법론에 따라 새로운 기술을 발견하는 경향이 커졌습니다. 과학과 공학의 결합이 이루어진 것이죠. 그 대표적인 게 전기와 관련된 기술입니다.

전기 기구 중 초기에 가장 많이 보급된 것은 전등입니다. 초기의 아크등과 뒤를 이은 백열등은 초와 가스등을 대체합니다. 토머스 에디슨은 백열등을 최초로 발명한 것이 아니라 오랜 시간 빛을 유지하는 백열등을 발명합니다. 그에 의해 2일 이상 켜 두어도 터지거나 꺼지지 않는 안정적인 백열등이 개발

됩니다. 백열등은 가스등이나 석유등보다 화재 위험이 적었고, 위생적이기도 했습니다. 그을음도 냄새도 없었죠. 더구나 불빛이 안정적이고 밝으면서 유지비도 더 적게 들었습니다. 관리하기도 편리했고요. 석유등이나 가스등은 계속 연료를 공급해야 하지만 전기를 쓰는 백열등은 스위치만 올리면 되었으니까요. 도시의 가로등도 빠르게 백열등으로 바뀝니다.

1930년대 후반에 백열등을 대체할 형광등이 등장합니다. 형광등은 소비 전력이 백열등의 절반도 되지 않으면서 수명은 여섯 배나 더 길었습니다. 게다가 백열등보다 훨씬 덜 뜨거웠고, 빛도 부드러웠죠. 형광등은 20세기 내내 가장 사랑받는 조명등이 되었습니다. 21세기에 들어서는 LED가 서서히 형광등을 밀어내며 가정 조명과 가로등의 대세로 자리 잡고 있습니다. 형광등에 비해 훨씬 적은 전력을 사용하면서 수명도 아주 길기 때문이죠.

가로등과 가정용 전등이 보급되면서 생활의 많은 부분이 달라집니다. 과거 아주 부유한 집을 제외하곤 저녁이 되면 집 전체가 어두웠습니다. 등잔불이나 촛불 혹은 가스등이 없는 건 아니지만 집 안을 환히 밝힐 만큼 쓰기에는 경제적 부담이 컸죠. 자연히 해가 지면 다들 잠자리에 들었습니다. 농촌 지역은 더했죠. 해가 있는 동안 부지런히 일을 하고, 해가 지면 저녁 정도를 먹고는 모두 잠자리에 듭니다. 어쩔 수 없이 새벽형 인간이 됩니다. 집 밖도 마찬가지입니다. 부유층이 사는 도시의 주요 지점에는 가스등이 가로등 역할을 했습니다만 도시의 대부분은 해가 지면 어둠이 같이 내립니다. 상점도 도심의 핵심 부분을 제외하면 조명을 크게 밝히지 않았습니다. 사무실도 공장도 아주 특별한 일이 있지 않고선 해가 지면 업무도 끝났습니다. 도시를 벗어나면 더 심하죠. 하늘의 별과 달 말고는 빛이라곤 없었습니다.

하지만 전등이 보급되면서 사정이 달라졌습니다. 도시의 주요 도로에는 이전보다 촘촘하게 가로등이 설치됩니다. 상점은 저녁 늦도록 불을 밝히고 퇴근한 손님을 맞이하죠. 가정에도 거실이나 안방에 전등이 설치됩니다. 불이 켜지자 저녁에 할 수 있는 일들이 늘어납니다. 공장도 사무실도 저녁 늦도록 불을 밝히고 일을 합니다. 물론 당시의 선진국, 유럽과 미국 등에 한정된 일이었고 그것도 도시 중심에 한정된 상황이긴 했습니다.

전기의 또 다른 쓰임새는 모터였습니다. 가장 쉽게 볼 수 있는 게 선풍기죠. 선풍기 날개 뒤 동그랗게 튀어나온 부분에 모터가 들어 있습니다. 전기가 공급되면 모터 축이 회전 운동을 하고, 연결된 날개가 도는 거죠. 모터는 우리 주변의 수많은 전기 기구에 들어 있습니다. 세탁기 통을 돌리는 것도 모터고 냉장고의 냉매를 압축시키는 것도 일종의 모터입니다. 전동 드릴, 헤어 드라이어에도 있지요. 전기 자동차의 바퀴를 돌리는 것도 모터입니다. 그리고 우리 눈에 보이지 않지만 공장의 기계를 움직이는 것도 대부분 모터입니다. 이전에는 공장의 기계를 돌리려면 주변에 증기 기관을 설치해야 했죠. 증기 기관에 쓸 석탄도 따로 보관해야 하고요. 전기가 도입되면서 이런 불편이 사라집니다. 더구나 전기는 힘의 크기를 조절하기가 쉬워 훨씬 편리하게 이용할 수 있습니다. 선진국의 공장에서 기계는 모두 전기 에너지로 움직이게 됩니다.

다만 전기 기구가 늘어나자 전기 공급이 문제가 됐습니다. 처음에는 가정이나 공장에 작은 발전기를 두었습니다. 석유를 태워 전기를 만드는 기구죠. 하지만 차츰 대규모 발전소에서 전기를 만들어 전선을 통해 공급하는 것이 훨씬 싸게 먹힌다는 걸 깨닫습니다. 미국을 시작으로 많은 나라들이 거대한 수력 발전소와 화력 발전소를 세우고, 주변의 도시에 전력망을 깔게 됩니다. 전기는 앞서 살펴본 것처럼 전신, 전화, 라디오, TV 등을 통해 커뮤니케이션 혁명이 일어날 수 있는 기반이 되었고, 이제 도시의 밤 풍경을 바꾸었으며, 공장과 가정의 모습 또한 바꾸었습니다.

석유의 재발견

인간이 석유를 처음 알게 된 건 수천 년 전의 일입니다. 인류의 가장 오래된 문명들이 중동 지역에서 시작되었는데 그곳이 마침 석유 매장량이 아주 많은 곳이죠. 땅에서 그냥 새어 나오기도 합니다. 이 석유로 불을 피울 수 있다는 건 이전부터 알고 있었지만 나무나 석탄이 있는데 굳이 어렵게 석유를 쓸 이유가 없다 보니 수천 년 동안 석유는 다른 용도로 사용되었습니다. 주로 지붕이나 배 아래쪽에 발라 물이 스며드는 걸 막는 방수제였죠. 그리고 천연 아스팔트 재료로 건축에도 사용되었습니다. 의외로 중국에선 석유를 연료로 사용한 역사가 꽤 오래되어 기원전 4세기 정도의 기록에도 나옵니다.

석유가 관심을 끌게 된 것은 중세 말기 이슬람이 증류 기술을 개발하면서부터입니다. 이 기술은 스페인을 통해(당시 스페인은 이슬람이 지배하고 있었습니다) 유럽으로도 전파되었죠. 하지만 여전히 석유는 큰 관심을 받진 못했습니다. 그전까지 서구 사회가 석유를 개발하지 않은 건 이유가 있습니다. 먼저 유럽에 석유가 별로 없습니다. 물론 오일 샌드 등 아주 없진 않았지만 대량 생산할 만큼은 아니었죠. 아라비아나 아프리카, 아메리카 등에서 석유를 발견해도 굳이 유럽으로 가져와서 쓸 만큼의 매력은 못 느꼈습니다. 연료로는 나무와 석탄이 있고, 배나 지붕의 방수 재료도 다른 걸 쓰면 되니까요. 그러다 19세기가 되자 사정이 달라졌습니다.

산업 혁명 이후 전기가 도입되기 전까지 조명으로 가스등을 주로 썼는데 그 재료는 고래기름이었습니다. 또 공장의 기계와 기관차도 부품 사이에 마찰을 줄여 주는 윤활유가 필요한데 그 또한 고래기름을 썼습니다. 산업이 발달하면서 조명용 기름과 윤활유 사용량이 빠르게 늘어납니다. 이런 이유로 19세기까지 유럽과 미국의 포경 산업은 절정에 달했습니다. 특히 노르웨이나 미국이 포경에 앞장섰죠. 고래를 마구잡이로 잡게 되자 자연히 고래의 수가 줄어듭니다. 유럽 연안의 고래는 애초에 사라졌고, 대서양 주변의 고래도 자취를 감춥니다. 남극 부근과 태평양으로 자리를 옮겨도 마찬가지입니다. 고래가 사라지자 기름 값이 오르기 시작합니다. 애초에 쓰지 않았으면 모를까 조명용 기름과 윤활유는 이젠 없으면 안 될 제품이라 어떻게든 대체품을 개발해야 했죠.

이때 개발된 기술이 석탄에서 기름을 빼내는 것이었습니다. 석탄을 낮은 온도에서 증류시키면 등유가 나온다는 걸 발견했죠. 이렇게 만들어진 석탄 기름(coal oil)은 고래기름보다 훨씬 쌌습니다. 자연스레 유럽과 미국의 포경 산업은 거의 사라지고

사람들은 북극, 남극 등까지 고래를 쫓아가 사냥했습니다. 포경 산업은 20세기까지 계속되어 많은 종류의 고래가 멸종 위기에 내몰렸습니다.

조명용 기름과 윤활유는 석탄 기름으로 대체됩니다. 유럽에서 석탄을 증류한 기름을 상업적으로 만들어 판매하기 시작한 것은 19세기 중반의 일이었습니다.

그러다 19세기 중반이 지나면서 기름을 얻을 때 석탄 대신 석유를 사용하게 됩니다. 굳이 석탄을 증류시켜 등유를 얻는 것보다 석유를 정제하는 것이 비용이 더 싼 거죠. 당시 미국에는 지금처럼 지하 깊이 파는 게 아니라 그저 조금만 파도 석유가 콸콸 나오는 곳에 꽤나 많았습니다. 그 석유를 정제해서 조명용 기름과 윤활유를 만들어 팔았죠. 석유를 가장 많이 생산하는 나라는 미국과 러시아였습니다. 이 두 나라가 전 세계 석유의 90%를 생산했습니다. 석유에서 정제한 조명용 기름과 윤활유가 널리 쓰이게 된 데는 교통 혁명도 한몫합니다. 외딴 곳에서 생산된 석유는 기차와 증기선에 실려 전 세계로 팔려 나갔습니다. 예전과 같이 마차와 범선을 이용했다면 운반비 때문에 널리 전파되기 힘들었을 겁니다. 더구나 강철 파이프 로 만든 송유관이 설치되면서 운반비는 더 싸졌습니다. 이 또 한 강철의 대량 생산이 가능하자 생긴 일이죠.

석유는 원래 다양한 액체 탄화수소의 혼합물입니다. 가장 가벼운 석유 가스(프로판)부터 시작해서 휘발유, 등유, 경유, 중 유, 아스팔트 등이 섞여 있죠. 이들을 분리하는 과정을 정유라 고 합니다. 처음에는 주로 등유를 많이 썼습니다. 조명용 기름 으로 사용하다가 석탄이나 나무 대신 난방과 취사용으로도 이용했죠. 얼마 뒤 다시 한번 분기점을 맞이합니다. 내연 기관 자동차가 등장하면서 연료로 휘발유를 사용하기 시작한 거 죠. 이전까지 별 쓸모없던 휘발유도 자동차 연료로 팔수 있게 되자 석유 산업은 황금 알을 낳는 거위가 됩니다. 미국의 석유 재벌 록펠러가 등장한 게 바로 이 시기입니다.

석유 산업은 1차 세계 대전을 계기로 다시 한번 크게 성장 합니다. 역시 별 쓸모없던 경유를 탱크와 선박의 연료로 이용하게 된 거죠. 그리고 선박과 공장의 연료로 중유도 쓰게 됩니다. 석유 가스, 휘발유, 등유, 경유, 중유 모두를 팔 수 있게 되자 석유 산업의 수익성은 더 좋아집니다. 석유 생산량은 점점 늘고, 미국과 러시아 이외의 지역에서도 석유를 찾게 됩니다. 그 결과 중동 지역이 세계 최고의 석유 생산 지역이 되죠. 1950년~1960년대에 이르러 석유는 석탄을 제치고 세계에서 가장 많이 사용하는 연료가 되었습니다.

그런데 석유의 쓰임새는 이에 그치지 않습니다. 화학 공업 하면 머릿속에 가장 먼저 떠오르는 것이 뭘까요? 바로 플라스틱입니다. 석유를 연료가 아닌 원료로 사용하는 석유 화학 공업 역시 20세기를 대표하는 산업으로 성장합니다.

일상생활을 지배한 화학 산업의 등장

화학 산업은 산업 혁명과 함께 등장했습니다. 당시 화학 산업이 만든 세 가지 중요한 제품은 표백제, 황산, 소다였습니다. 우리가 생각하는 순면 제품은 대부분 하얗습니다. 하지만 산업 혁명이 일어나던 때에는 대량 생산된 면직물을 지금처럼 하얗게 만드는 것이 쉽지 않았습니다. 오줌이나 쉰 우유를 흠

뻑 적신 다음 햇빛에 오래 말리는 것이 수천 년간 이어 온 전통적인 면직물 표백 방법이었죠. 시간도 오래 걸리고 한 번에 처리할 수 있는 양도 많지 않았습니다. 거기다 많은 양의 오줌이나 쉰 우유를 구하는 것도 쉽지 않았고요.

면직물이 대량으로 생산되기 시작하자 표백 작업을 보다 빠르고 쉽게 진행할 필요가 생겼습니다. 황산과 석회를 이용하는 방법이 있었지만, 문제는 황산 가격이 비싸고 대량 제조가 힘들었다는 거죠. 그러나 필요는 발명의 어머니라고 18세기 중반 황산을 대규모로 만드는 방법이 개발됩니다. 더 나아가 황산과 석회보다 표백에 더 좋은 물질도 개발되죠. 차아염소산 칼슘이 그것인데 지금도 상업용 표백제로 사용합니다. 이렇게 초기 화학 산업은 면직물의 표백 문제를 해결하는 과정에서 시작됩니다.

한편 황산은 금속의 표면을 깨끗하게 만들어 주거나 습기를 방지하는 용도로도 쓰입니다. 금속 표면에 다른 금속을 입히는 도금은 예전부터 전통적인 산업이었는데 황산이 필수 재료였죠. 지금도 황산은 화학 산업에서 물 다음으로 많이 사용하는 물질이기도 합니다. 20세기 중반까지 자동차에 필수품이었던 납축전지도 황산이 들어갑니다.

이와 함께 대량으로 필요했던 물질이 소다회라고 알려진 탄산 칼륨입니다. 유리나 섬유, 비누, 종이 등을 만들 때 꼭 필요한 물질이죠. 탄산 칼륨을 만들려면 두 가지 재료가 있어야 합니다. 하나는 수산화 칼륨이고 다른 하나는 이산화 탄소입니다. 이산화 탄소는 공기 중에 많이 있으니 상관없지만 수산화 칼륨은 따로 구해야 했죠. 가장 간단한 방법은 나무를 태워 그 재를 걸러 쓰는 것입니다. 하지만 탄산 칼륨의 소비량은 늘고 나무는 줄자 수산화 칼륨을 구하기가 쉽지 않았습니다. 자연히 탄산 칼륨도 만들기 힘들고 값도 올라갑니다.

대안으로 칼륨과 성질이 비슷한 나트륨으로 수산화 나트륨을 만들고 이를 이용해 탄산 나트륨을 만들기 시작합니다. 탄산 칼륨과 탄산 나트륨은 서로 성질이 비슷하거든요. 먼저 바닷물에 풍부하게 녹아 있는 소금(염화 나트륨)을 가지고 수산화 나트륨을 만들고, 이를 이산화 탄소와 반응시켜 탄산 나트륨을 만듭니다. 18세기 말이 되자 프랑스의 니콜라 르블랑이 황산을 이용해서 수산화 나트륨 만드는 방법을 개발합니다. 다만 이 과정에서 오염 물질인 염산도 많이 나오게 됩니다.

19세기 중반부터는 석탄을 원료로 한 화학 산업이 발전하기 시작합니다. 조명용 기름과 윤활유가 주요한 용도였지만 그 외에도 다양한 화학 제품들이 나옵니다. 석탄으로 가스를 만들기도 하고(석탄 가스), 그 과정에서 남은 재료(콜타르라고 합니다)로 나프타, 피치, 카본 블랙 등을 만들었습니다. 철을 제련하는 데 필요한 코크스도 석탄을 원료로 합니다.

뒤이어 석유를 원료로 한 제품도 나오기 시작합니다. 석유는 연료로도 쓰지만 다양한 제품의 원료로도 사용됩니다. 석탄으로 만들었던 석탄 가스나 콜타르, 나프타, 피치 등도 만들 수 있고, 우리의 일상에서 없어서는 안 될 플라스틱 또한 석유가 원료입니다. 석유로부터 플라스틱 원료를 뽑고, 이 원료로 실생활에서 사용하는 제품을 만드는 거죠. 현재 우리가 쓰는 페트병, 병뚜껑, 전기 플러그, 안전모, 스티로폼, 타이어 등의 합성 고무, 옷에 쓰는 폴리에스테르 등이 모두 석유를 기반으로 한 플라스틱 제품입니다.

18세기 표백제, 황산, 소다회 등을 대량 제조하는 것으로 시작된 화학 산업은 19세기 석탄 화학 산업으로 확장되었고, 다음으로 석유 화학 산업이 발달하는 세 단계를 거칩니다. 현재는 석유 화학 산업에서 생산하는 물질이 워낙 많아 그 이름만 나열해도 이 책의 서너 페이지를 훌쩍 넘길 정도입니다. 다양한 제품을 나열할 것도 없이 당장 주변을 둘러보고 플라스틱 제품이 얼마나 많은지만 살펴봐도 석유 화학 산업이 우리 삶에 끼친 영향을 느낄 수 있습니다. 그래서 어떤 이는 20세기는 플라스틱의 세기 혹은 화학의 세기라고 이야기할 정도죠.

영국이 산업 혁명으로 앞서 나갔지만 곧 미국과 유럽의 나라들이 그 뒤를 따라 산업화를 이루었습니다. 19세기 중반 이후 특히 미국, 프랑스, 독일의 성장은 눈부셨습니다. 하지만 급격한 산업화는 두 가지 문제를 낳습니다. 하나는 공급 과잉입니다. 후발 주자인 미국, 프랑스, 독일은 정부에서 자국 산업을 보호하며 성장합니다. 그러면서 영국 산업과 경쟁하기에 이르죠. 섬유, 철강, 전기, 조선, 자동차 등 모든 분야에서 서유럽과 미국은 경쟁을 하는 동시에 더 많은 제품을 생산하기 위해 공장을 세웁니다. 모터를 활용한 기계와 전기의 보급 등으로 공장은 이전보다 더 낮은 가격의 제품을 대량으로 만들죠. 그 결과 수요보다 공급이 더 늘어납니다. 팔려는 물건은 많은데 살 사람은 적으니 제품 가격이 내려가고 기업의 이윤은 줄어듭니다. 시간이 흐를수록 재고가 쌓이고, 공장을 돌리기 어려워집니다. 불황이 찾아온 거죠. 흔히 장기 불황(Long Depression)이라고 부르는데 인류가 처음으로 경험한 일입니다. 1870년대에 시작되었죠.

20여 년간 진행된 이 불황을 해결하기 위해 서구의 나라들은 본격적인 제국주의 정책을 펼칩니다. 그동안 유럽 각국은 아시아와 아프리카의 해안을 중심으로 무역 거점을 식민지로 삼고 있었습니다. 내륙으로 들어가 전부를 지배하기 위해선 강력한 군대도 필요하고, 점령한 이후에 통치하려면 여러 가지 해결해야 될 문제가 있었기 때문에 오히려 점령하는 것보다 일정한 지배력만 가지고 있는 편이 좋았죠. 하지만 상황이 바뀌었습니다. 영국과 프랑스 등 유럽 나라들이 아프리카와 아시아 각국을 무력으로 점령하고 식민지로 만듭니다. 이런 식민지는 과잉 생산된 제품을 파는 시장이 되죠. 그것도 다른 나라 제품은 들어오지 못하게 막으니 독점적인 시장이 형성됩니다. 아프리카 대륙 전체를 영국과 프랑스가 나눠 먹고 일부는 유럽의 다른 나라가 조금씩 떼어 먹고, 독립 국가는 에티오피아와 라이베리아 정도만 남았을 뿐입니다.

　아시아에서도 독립국은 중국과 태국, 일본 정도만 남습니다. 인도도 중동과 동남아시아의 여러 나라도 모두 영국과 프랑스의 손아귀에 들어갑니다. 가장 많은 식민지를 가진 나라는 영국이었습니다. 이집트에서 남아프리카 공화국까지 위에서 아래로 아프리카를 관통하는 지역과 아라비아 반도의 아래쪽, 인도와 파키스탄, 아프가니스탄, 방글라데시, 말레이시아, 인도네시아에 이르기까지 그야말로 해가 지지 않는 나라였습니다. 그다음은 프랑스입니다. 아프리카의 서북쪽 대부분과 마다가스카르, 베트남 등이 그들의 식민지였죠.

미국은 필리핀 정도를 빼면 외국에 식민지를 두진 않았지만 대신 대륙의 서부를 개척하는 방식으로 제국주의 정책을 폅니다. 아직 사람이 많이 살지 않는 서부로 사람들이 이주하고, 이민을 받죠. 늘어난 인구가 시장의 확대로 이어졌습니다. 남북 전쟁이 끝난 직후인 1865년 미국 인구는 약 3000만 명 정도였는데 그때부터 1924년까지 약 60년 동안 3000만 명에 달하는 사람이 이민을 옵니다.

제국주의 정책을 펼친 이유는 또 있습니다. 소규모 수공업에서 대공장 체제로 변하면서 대량 생산에 필요한 원자재 수요도 급증합니다. 목화솜, 철광석, 석탄, 목재, 석유 등 다양한 원자재를 안정적으로 공급하기 위해서도 식민지는 필수적이었습니다. 물론 여기서도 미국은 좀 다릅니다. 워낙 국토가 넓다 보니 자국 내에서 모두 충당할 수 있었죠. 그러나 먼저 산업화를 이루고 영토도 상대적으로 좁았던 유럽의 나라들은 식민지를 통해 원자재를 얻었습니다.

제국주의가 등장한 또 다른 이유는 자본의 과잉입니다. 영국과 프랑스 등 산업화에 먼저 성공한 나라는 돈을 많이 벌고 거대한 자본을 형성하게 되었죠. 자본은 새로운 투자처를 요구합니다. 마치 우리가 한 몇백 만 원 가지고 있을 때는 좀 더 좋은 옷을 입고, 책을 사는 등 소비를 늘릴 뿐이지만 한 몇 억 정도를 가지고 있다면 그 돈으로 정기 적금을 들거나 펀드에 투자하는 등 수익을 올릴 방안을 고민하는 것과 비슷합니다. 하지만 본국은 이미 장기 불황에 휩싸여 공장을 세워도 팔 곳이 마땅치 않고, 이윤도 박했습니다. 자본은 눈을 돌려 식민지에서 새로운 기회를 모색하게 되죠. 식민지를 경영하려면 도로도 만들고, 철도도 놓아야 하고, 항만 시설도 갖추어야 하죠. 그곳의 광산을 개발하고, 담배, 고무, 목화 등을 재배하는 새로운 농장을 만들 수도 있습니다. 자본의 요구가 제국주의를 확대하게 한 셈이죠.

제국주의 확대에도 새로운 기술이 필요했던 건 당연한 일입니다. 앞서 살펴봤던 전신은 유럽의 본국과 식민지 사이의 원활한 의사소통을 가능하게 했죠. 또 강철로 만들고 증기로 움직이는 전함은 식민지를 무력으로 점령하는 데 커다란 역할을 합니다. 철도를 놓으면서 식민지 주요 거점에 자신들의 영향력을 확대하는 것도 가능해졌습니다. 거기에 내연 기관 자동차는 식민지의 주요 거점뿐만 아니라 구석구석까지 지배력을 관철시키는 힘이 됩니다. 최신 기술로 무장한 유럽의 군대는 아프리카와 아시아를 거침없이 침략하고 자신의 영토라고 선언합니다.

냉전 시대가 만든 기술의 발전

2차 세계 대전이 끝난 뒤 약 20년 동안 전 세계는 눈부신 경제 성장을 이룹니다. 전쟁 통에 파괴된 건물이며 공장, 다리, 도로 등을 복구하기 위해서 막대한 돈이 투입되었고, 전쟁에서 돌아온 군인들은 복구를 하는 노동자가 되었죠.

전쟁 때 군수 물자 생산을 통해 아주 많은 돈을 번 기업도 새로운 비즈니스 모델을 찾아내며 경제 성장에 한 역할을 합니다. 그동안 자동차 회사는 군수 트럭, 군수용 지프차, 장갑차 등을 만들었고, 비행기 회사는 전투기와 전폭기를 만들었고, 옷을 만드는 회사는 군복을, 신발 회사는 군화를, 화학 회사들은 군수용 화학 제품을 만들면서 돈을 벌었습니다. 피해를 본 건 군인으로 참전한 이들과 전쟁터에서 삶의 기반이 파괴된 시민들, 후방에서 제대로 된 임금도 받지 못하고 일하던 노동자들이었죠.

그런데 전쟁이 끝나자마자 냉전이 시작됩니다. 구소련(현재의 러시아와 중앙아시아의 나라들, 발트해 3국, 우크라이나, 캅카스산맥의 나라 등이 연합한 공산주의 국가)과 중국, 동유럽을 중심으로 한 사회주의 진영과 미국과 서유럽을 중심으로 한 자본주의 진영, 그리고 아프리카와 아시아, 라틴 아메리카의 저개발국 나라, 세 진영으로 나뉜 세계에서 특히 자본주의 진영과 사회주의 진영 사이의 첨예한 대립이 있었습니다. 1917년 러시아에서 혁명으로 첫 사회주의 국가가 세워진 뒤 사회주의 진영은 서유럽과 미국 등의 자본주의 진영에겐 눈엣가시 같은 존재였습니다. 자본주의 나라에서 열악한 환경에서 일하는 노동자들에게까지 자연스레 사회주의 사상이 전파되고 있었기 때문이죠. 자본주의 진영의 지배층에게는 사회주의 진영이 전 세계 3분의 1을 차지하고 있는 것이 심리적, 사회적으로 커다란 위협이었습니다.

그렇지만 오히려 두 진영의 대립은 자본주의 진영의 경제 발전에 두 가지 큰 역할을 합니다. 하나는 저소득층에 대한 복지 정책이 급격히 확장되었다는 점입니다. 영국의 경우 한창 전쟁 중이었던 1942년 사회 보장 제도의 목표를 '요람에서 무덤

냉전 시대의 상징과도 같았던 베를린 장벽은 독일을 반으로 나누다가 1990년
이 되어서야 철거되었습니다.

까지'라고 정하면서 복지 확대에 애를 썼습니다. 물론 실제 그
렇게 보장되지는 못했지만 복지가 확장되기는 했습니다. 선진
국을 중심으로 최저 임금, 노동 시간 제한, 실업 급여, 연금 등
다양한 정책이 실시됩니다. 노동자들의 불만을 줄여 사회주의
세력의 확장을 억제하고 국가와 정부, 자본가에 대한 저항이
체제 문제가 되지 않도록 관리하려던 것이죠. 그 결과 노동자
를 비롯한 저소득층의 소득이 늘었고, 이는 소비 확대로 이어
집니다. 소비가 확대되면 자연스럽게 생산도 늘고, 기업의 소
득도 늘어나는 일종의 선순환이 일어납니다.

두 번째는 군비 경쟁입니다. 2차 세계 대전 시기 막대한 양의 무기를 생산했던 선진국들은 전쟁이 끝나자 군용 시설의 일부를 산업용으로 바꾸었지만 여전히 군수 공장은 많이 남아 있었죠. 전쟁이 끝나고 평화가 왔으니 군수 공장은 파리만 날릴 형편이었습니다. 하지만 사회주의 진영이라는 새롭고 막강한 적이 나타나자 군수 산업은 오히려 전쟁 때보다 더 활발해졌습니다. 특히 미국은 1차, 2차 세계 대전 때도 군수 물자 보급의 핵심적 역할을 담당했는데, 전쟁이 끝나고 난 뒤에도 사회주의에 대항하는 진영의 무기 공급에서 여전히 핵심적 지위를 차지합니다. 하다못해 군산 복합체[5]라는 말이 나올 정도였죠. 이 또한 경제 성장을 이루는 한 축이 되었습니다.

게다가 군비 경쟁은 기술의 발달에도 큰 역할을 합니다. 우리가 사서 쓰는 생활용품은 대체로 '가성비'를 따지게 됩니다. 이전에 쓰던 제품보다 편리하다고 해도 너무 비싸면 사질 않죠. 따라서 제품 개발자도 새로운 걸 개발할 때 항상 이 기술을 사용하면 제품의 제조 가격이 얼마나 되는지를 따지게 됩

---

5) 군산 복합체는 정부와 군, 방위 산업체의 상호 의존 체계를 말합니다. 군대는 방위 산업체에 군사 기술을 이전해 군수 산업을 육성하고, 방위 산업체는 군에 첨단 무기를 공급하면서 정부에 세금과 정치 자금을 제공하고, 정부는 군에 공급되는 무기에 대한 대금을 세금으로 지불하는 구조입니다. 2차 세계 대전을 계기로 나타나 냉전 시기 그 세력을 키웠습니다.

니다. 너무 비쌀 것 같으면 개발을 포기하죠. 하지만 군대는 그렇지 않습니다. 아무리 비싸도 상대방의 무기를 압도할 수 있다면 개발하죠. 방어 무기도 마찬가지입니다. 가격은 두세 번째 고려 사항이고 첫째는 언제나 상대방을 이길 수 있느냐, 혹은 제대로 방어할 수 있느냐를 따집니다. 이런 무기 개발은 새로운 기술 개발로부터 시작되고요.

처음에는 별 쓸모없던 레이더를 개발한 것도 적의 비행기와 미사일을 탐지하기 위해서였고, 인공위성도 적국을 몰래 탐지하기 위해서였습니다. 현재 주목받는 사족 보행 로봇이나 이족 보행 로봇도 처음에는 군사용으로 연구하다 시작되었죠. 군수 무기 제작을 위해 개발된 다양한 기술은 비싸도 사 주는 군대를 통해 발전하고, 이후 검증을 거치고 나선 다시 비군사적 용도로 사용하면서 발전합니다. 특히 2차 세계 대전 이후 새로운 기술 개발에는 군비 경쟁이 아주 큰 몫을 차지하고 있습니다.

우주 경쟁과 거대 과학 기술

2차 세계 대전 이전에도 기술 개발에서 정부 역할은 적지 않았습니다만 전쟁 이후 그 비중은 더 커졌습니다. 대표적인 예가 미국과 소련의 우주 경쟁이었죠. 2차 세계 대전에서 처음 미사일이 사용된 후 미사일에 대한 연구는 미국과 소련에서 경쟁적으로 이어집니다. 직접 싸우진 않더라도 만약의 사태에 대비한 거죠. 만약 서로의 영토를 공격하게 된다면 미사일만 한 것이 없으니까요. 바다를 건너 다른 대륙에 있는 요새를 공격할 수 있는 거의 유일한 무기였죠. 처음에는 고정된 장소에서 쏘고, 다음으로는 열차나 전용 트럭으로 이동하면서 쏘고, 그다음에는 전함이나 잠수함에서 쏘는 식으로 변합니다. 미사일의 크기도 계속 커졌고요.

그런데 미사일에 사용되는 기술은 우주로 인공위성을 쏘아 올리는 데도 쓰입니다. 미사일은 아주 먼 거리를 비행하기 위해 연료가 담긴 채로 만들어지죠. 일단 높은 곳까지 올라갈 때는 1단 추진체의 연료를 소비하고, 높이 올라간 뒤에는 2단 추진체의 연료를 이용해 먼 거리를 비행합니다. 그런데 2단 추진체의 연료로 다른 대륙을 향해 비행하지 않고 계속 위로 올라가면 어떨까요? 지구 대기권을 벗어나 우주로 갈 수 있게 됩니다.

우주로 로켓을 먼저 쏘아 올린 건 소련이었습니다. 1957년 10월 4일 소련은 스푸트니크를 발사합니다. 인류 최초의 인공위성이었죠. 금속 공 모양의 본체에 네 개의 안테나가 달린 모습이었습니다. 기능은 참으로 단순했습니다. "삐 삐 삐 삐" 하는 소리를 전 세계로 송신하는 것이 다였죠. 실용성이라곤 하나도 없었습니다. 그런 인공위성을 굳이 개발한 이유는 무엇일까요? 이유는 단순합니다. 당시 미국과 소련은 미사일 개발을 두고 한창 경쟁 중이었는데 소련으로선 자신들이 미국에 앞섰다는 걸 선전할 방법으로 지구 주위를 도는 인공위성을 쏘아 올린 겁니다. 소련 국민뿐만 아니라 소련을 중심으로 뭉쳐 있던 사회주의 진영이 자본주의 진영에게 승리한 것처럼 여겨졌습니다. 두 번째 빛나는 승리도 소련의 몫이었습니다. 그해 11월 소련은 스푸트니크 3호에 라이카라는 개를 실어 보냈습니다. 지구에서 우주로 진출한 최초의 생물체였죠.

소련의 승리로 미국으로선 세계에서 가장 과학 기술이 앞선 나라라는 명예에 먹칠을 한 셈이었습니다. 미국도 가만히 있지는 않았습니다. 엄청난 돈을 퍼붓고 인력을 동원해서 인공위성을 쏘아 올렸죠. 그러나 세 번째, 네 번째의 승리 역시 소련의 차지였습니다. 1961년 소련은 전 세계 최초로 유인 우주선을 발사했고, 최초의 우주인 유리 가가린은 무사히 귀환합니다. 1965년에는 보스호트 2호에 두 명의 우주인이 탑승했는데 이들은 세계 최초로 우주 유영에 성공했습니다. 우주선 밖으로 나가 말 그대로 헤엄을 치고 돌아온 거죠.

1950년대 후반부터 1960년대 중반까지 미국과 소련의 대립이 가장 극심했던 시기, 소련에 연달아 패배한 미국은 마침내 거대한 계획을 세웁니다. 달에 최초로 인류를 보내겠다는 아폴로 계획입니다. 이 계획을 결정한 사람은 당시 미국 대통령 존 F. 케네디였습니다. 그는 라이스 대학교 연설에서 이렇게 말합니다. "우리는 달에 갈 것입니다. 우리는 10년 내에 달에 갈 것이고, 다른 일들도 할 것입니다. 쉽기 때문이 아니라 어렵기 때문입니다." 얼마나 절박했는지가 여실히 드러납니다. 얼마나 소련에 이기고 싶었는지 또한 드러납니다. 결국 1969년 7월 미국의 아폴로 11호의 착륙선이 달에 내리고, 닐 암스트롱이 인류 최초로 달에 발을 디딥니다. 과학 기술의 큰 승리였고 미국이 마침내 우주 경쟁에서 소련에 승리한 사건이었습니다.

우주 경쟁은 거대한 과학 기술의 개발을 낳았습니다. 거대 과학 기술이란 몇백, 몇천 명의 연구진이 동원되고, 아주 오랜 기간이 걸리면서 천문학적인 비용을 쏟는 기술 개발을 말합니다. 미국의 아폴로 계획에는 13년간 227.18억 달러, 우리 돈으로 23조 원에 해당하는 막대한 예산이 들어갔습니다. 현재 가치로 환산하면 230조 원으로 우리나라 정부 한 해 예산의 3분의 1이 넘는 돈이 들어간 거죠.

사람마다 의견이 다를 수 있겠지만 거대 과학 기술 개발의 시초는 2차 세계 대전 당시 미국의 맨해튼 프로젝트라고 볼

수 있습니다. 미국 정부는 독일보다 앞서 원자 폭탄을 개발해야겠다는 생각으로 연 인원 13만 명을 동원하고 현재 가치로 약 40조 원에 달하는 돈을 투자한 프로젝트를 진행했습니다.

현재 시점에서 가장 거대한 과학 기술 개발로는 역시 미국의 아르테미스 프로젝트를 꼽을 수 있습니다. 달에 유인 기지를 건설하는 걸 목표로 미국항공우주국(NASA)을 중심으로 유럽우주기구(ESA), 일본우주항공연구개발기구(JAXA), 우리나라의 한국항공우주연구원, 캐나다 우주국 등 대부분 선진국이 모여 진행하고 있는데 이 또한 수백 조 원의 비용이 들어갈 것으로 예상하고 있습니다. 또한 프랑스에 건설 중인 국제핵융합실험로(ITER) 사업은 약 200억 유로 정도, 30조 원 가까운 예산이 들어갑니다.

거대 과학 기술이 갖는 긍정적인 측면은 자본과 인력이 집약되면서 이전에는 엄두도 내기 힘들었던 다양한 신기술 개발이 가능하다는 점입니다. 하지만 반대로 선진국 정부가 주도하면서 이들의 국익이 가장 중요한 판단 기준이 된다는 점과 선진국과 개발 도상국 및 저개발국 사이의 기술 격차가 더 커지는 과학 기술의 불평등을 야기한다는 측면도 있습니다. 게다가 거대 과학 기술의 상당 부분이 군사용 목적을 가진다는 점 또한 우려되는 지점입니다.

대량 생산과 독점 자본

자본주의에서는 여러 기업이 서로 비슷한 제품을 내놓고 시장에서 경쟁합니다. 가령 우리가 생수 한 병 사려고 편의점에 가면 대여섯 개 회사의 생수병을 볼 수 있습니다. 그럼 우리는 가격과 어느 기업 제품인지 등을 따져 선택을 하죠. 기업 입장에서는 다른 회사에 비해 너무 비싸면 팔리지 않을 터이니 적정한 가격을 정합니다. 그런데 만약 어떤 제품을 생산하는 기업이 한두 곳뿐이면 어떻게 될까요? 생활에 꼭 필요한 제품이면 아무리 비싸도 살 수밖에 없죠.

특정 제품을 한 기업만 생산하는 경우를 독점 생산이라고 하고, 두세 곳만 생산하는 경우를 과점 생산이라고 합니다. 독과점 상품은 생산 원가에 비해 판매 가격이 매우 비쌀 가능성이 높습니다. 뿐만 아니라 제품의 개선도 더디게 되죠. 어차피 만드는 대로 팔리고 경쟁도 없으니 굳이 비용을 들여 제품을 더 좋게 만들거나 생산 시설을 개선해서 판매가를 낮출 필요도 없으니까요.

물론 산업 혁명과 자본주의가 등장한 직후부터 독점은 있었습니다. 때로는 한 회사가 특허를 가지고 있어 다른 기업이 비슷한 제품을 만들 수 없거나 초기에 시장을 장악해 버려 다른 기업이 뛰어들기 힘든 경우도 있었죠. 하지만 대부분의 제품에 대해서는 여러 기업이 경쟁을 했습니다. 특히 증기선과 철도, 자동차의 도입으로 다른 나라에 제품을 파는 것이 쉬워지면서 기업 간 경쟁도 치열해졌죠.

그런데 19세기 후반에 이르러 독점이 강화되는 방향으로 산업 구조가 재편됩니다. 이를 독점 자본주의라고 이야기합니다.

예를 들어 미국의 석유 산업을 보면 처음에는 수백 개의 회사가 서로 경쟁을 합니다. 그러다 시간이 지나면서 록펠러의 기업이 미국 전체 시장의 90% 이상을 장악하게 되죠. 여러 이유가 있지만 핵심적인 것은 거대한 자본을 가질수록 경쟁에서 유리해지기 때문입니다. 시추하는 곳에서 석유가 필요한 곳까지 운송하려면 다양한 운송 체계를 갖추어야 합니다. 철도가 놓여야 하고, 파이프라인을 연결해야 합니다. 이 과정에서 큰 투자가 이루어지죠. 자본을 댈 수 없는 기업은 경쟁력이 떨어질 수밖에 없습니다. 점차 경쟁력이 떨어지는 기업을 큰 기업이 흡수하면서 독점이 이루어집니다.

자동차 산업도 마찬가지입니다. 처음 미국에 자동차 회사는 수십 곳이 넘었습니다. 그중 포드 자동차가 먼저 대량 조립 라인을 도입합니다. 거대한 공장에서 수천 명의 노동자가 컨베이어 벨트를 중심으로 배치되어 자동차를 조립하죠. 조립 라인을 갖추게 되니 자동차 제조에 드는 비용이 대폭 낮아집니다. 이전보다 절반 이상 판매가가 내려가죠. 중소기업은 거대한 공장을 지을 자본도 없는데다 자동차 가격 경쟁력마저 잃어 더 이상 버티기가 어렵습니다. 자본력이 있는 거대 기업만 살아남죠. 미국의 자동차 산업도 거대한 회사 세 곳이 전체 자동차의 90% 이상을 생산하게 됩니다.

석유 화학 산업도 마찬가지입니다. 석유를 대량으로 정제해서 필요한 제품을 생산하기 위해서는 거대한 시설이 필요합니다. 시설이 클수록 제품을 생산하는 비용도 줄어들죠. 초기에 대량의 자본을 투여할 수 있는 기업만이 경쟁에서 살아남습니다.

독점 자본주의는 기술 발달의 변화와 맞물려 이루어집니다. 산업 혁명 초기에는 개인의 연구가 바로 기술의 혁신으로 이어지는 경우가 많았습니다. 새로운 기술을 적용하는 과정에서 비용도 비교적 적게 들었죠. 섬유 산업이나 증기 기관의 발전은 한두 명의 기술자가 새로운 기계를 만들고, 이를 제작해서 공급하는 것으로부터 시작합니다. 하지만 19세기 중반을 넘어서면서 이런 방식은 더 이상 통하지 않게 되었습니다.

자동차 산업을 한번 살펴보죠. 이전에는 내연 기관 엔진이나 동력 전달 장치를 개선하는 등 한두 가지만 바꿔도 성능의 차이가 크게 났습니다. 하지만 자동차 기술이 발전하면서 상

포드 자동차는 최초로 대량 조립 라인을 만들어 제품을 대량 생산할 수 있는 시스템을 구축했습니다.

황이 바뀌었습니다. 자동차 부품이 점차 늘고, 늘어난 부품 간의 상호 관계도 중요해집니다. 차 한 대에 엔진과 동력 전달 장치, 변속기, 냉각 장치, 배기 장치 등 약 3만 개의 부품이 들어갑니다. 한두 가지 사항을 개선하려고 해도 전체에 미치는 영향을 살피지 않을 수 없죠. 한두 명의 기술자가 아니라 수십, 수백 명의 엔지니어들이 힘을 모아야 합니다. 그래서 자동차 회사는 이전과 달리 따로 연구소를 설립하고, 여기서 시제품을 만드는 것으로 기술 개선 방법을 바꾸었죠. 당연히 이렇게 연구소를 둘 정도가 되려면 회사 규모가 굉장히 커야 합니다.

서너 개의 기업만이 자동차를 생산하게 된 이유입니다.

잠시만 눈을 돌려 살펴보면 독과점 기업이 우리가 사용하는 중요한 제품과 서비스를 제공하는 걸 쉽게 볼 수 있습니다. 가령 휴대폰 서비스는 KT, SK, LG 세 곳이 과점하고 있고, 완성차는 현대기아차 그룹이 사실상 지배하고 있죠. 메모리 반도체는 전 세계 시장을 삼성, SK 하이닉스 등 서너 개의 기업이 과점하고 있습니다. 특정 제품에 대한 시장을 독점하는 영역이 늘어나면서 각국 정부는 고민이 깊은데, 이런 독점 자본주의가 시작된 시점이 바로 19세기 중반입니다.

사무실과 공장의 자동화

20세기 중후반 1970년대가 끝나갈 무렵 선진국에는 새로운 고민이 있었습니다. 2차 세계 대전 이후 쭉쭉 성장하던 경제가 제자리걸음을 시작한 겁니다. 대부분의 선진국은 이 시기부터 연간 경제 성장률이 높아야 3%이고 대부분 1% 수준에서 정체되기 시작합니다. 경제가 성장하지 않으니 개인의 소득도 그대로입니다. 소득이 그대로니 지출 또한 늘지 않습니다. 기업으로서는 매출이 증가하지 않고, 수익률도 높아지지 않으니 심각한 고민에 빠집니다.

또 하나의 문제는 제3 세계와의 경쟁입니다. 이전에는 선진국 기업 간에만 경쟁했다면 이제는 개발 도상국 기업하고도 경쟁이 이루어집니다. 비교적 공정이 간단하고 사람 손이 많이 가는 일의 경우 인건비가 선진국의 몇 분의 1밖에 되질 않으니 개발 도상국과 경쟁에서 밀릴 수밖에 없습니다. 우리나라에서 1970년대 가장 수출을 많이 한 제품이 가발과 고기잡이용 그물, 그리고 신발이었는데 특별한 기술이 필요하지 않고 노동자의 임금이 싸서 경쟁력이 있었죠. 당시 저개발국이었던 우리나라 노동자의 임금은 선진국의 5분의 1에서 10분의 1 정도밖에 되질 않았습니다. 그물이나 가발, 신발 같은 제품은 재료비보다 이를 가공하는 노동자에게 주는 임금이 원가에서 차지하는 비중이 훨씬 큽니다. 그래서 선진국 기업은 아예 자기 공장을 제3 세계로 이전하기도 합니다. 예를 들어 1970년대 우리나라 부산 주변에는 선진국의 신발 기업이었던 아디다스, 나이키, 퓨마, 아식스 등의 제조 공장이 모두 모여 있었습니다.

이에 따라 산업의 구성이 바뀌기 시작했습니다. 상품을 제조하는 공장이 계속 개발 도상국과 저개발국으로 이전하게 됨에 따라 선진국에서는 '공장'이 없는 기업이 산업의 주축이 됩니다. 흔히 3차 산업이라고 말하는 부분이죠. 운수, 통신, 금융, 보험, 유통 및 기타 서비스 산업이 이에 해당합니다. 이런 상황에서 기업은 생산 공정과 사무 업무 환경을 보다 효율적으로 만들어 더 적은 사람을 쓰고도 더 많은 일을 할 수 있는 방법에 대해 본격적으로 고민하기 시작했습니다.

사무실에서의 변화를 이끈 것은 컴퓨터였습니다. 여러분이 발표 과제를 할 때를 예로 들어 살펴보죠. 우선 발표를 하기 위한 자료를 만들어야 하는데, 지금은 프레젠테이션 프로그램을 이용합니다. 인터넷에서 구한 사진이나 휴대폰으로 찍은 사진을 배치하고, 글을 쓰고 디자인을 예쁘게 할 수 있죠. 하지만 30년 전이라면 이를 일일이 손으로 써야 했습니다. 이렇게 만든 발표용 자료를 괘도라고 했죠. 괘도를 만들려면 몇 명이 달라붙어도 최소한 이틀 이상 걸렸습니다. 프레젠테이션 프로그램으로 혼자 몇 시간 만에 뚝딱 만들 것을요.

또 발표 자료 중엔 계산이 필요한 표도 있죠. 그리고 계산 결과를 그래프 같은 이미지로 표현합니다. 이도 지금은 프로그램으로 간단히 만들 수 있지만 과거에는 사람이 직접 일일이 계산하고 결과를 종이에 옮겨 쓰고 다시 검산을 하는 등의 과정을 거쳐야 했죠. 번거로우면서도 시간이 몇 배나 더 걸립니다.

사무실에서 보고서를 제출할 땐 어떨까요? 프로그램을 활용하지 않고 일일이 손으로 써야 한다면요? 쓰다가 한두 글자가 틀려서 처음부터 다시 써야 한다면요? 30년 전에는 이런 일이 흔했습니다.

이런 상황을 완전히 바꾼 것이 바로 컴퓨터입니다. 컴퓨터가 처음 등장한 것은 20세기 중반이지만 사무실 등에서 본격적으로 사용하기 시작한 것은 1980년대 들어서입니다. 사무실에서 처리해야 할 업무량이 늘어나고 인건비가 올라가면서 기업은 컴퓨터를 활용해서 한 사람당 업무량을 줄이는 것에 큰 관심이 생겼습니다. 곧 다양한 소프트웨어가 나오면서 기업의 사무실 모습이 바뀌기 시작한 겁니다.

공장에서도 공정 자동화가 이어집니다. 로봇이 본격적으로 도입되기 시작하죠. 인간을 닮지는 않았지만 용접을 하고, 나사를 돌리고, 물건을 분류하는 등의 일에 로봇이 도입됩니다. 물론 공장에서의 자동화는 생각만큼 빠르게 이루어지진 않았습니다. 싼 임금의 노동자가 있다면 사람을 쓰는 것이 비싼 로봇을 도입하는 것보다 효율적이니까요. 하지만 1980년대 이후 저개발국이나 개발 도상국에서도 노동자의 임금이 오르면서 점차 로봇에 의한 공장 자동화가 더 효율적이라고 판단을 하게 됩니다. 우리나라의 대표적 생산 공장인 현대자동차 공장도 이때부터 조립 라인에 로봇을 본격적으로 투입합니다.

로봇 도입은 21세기 들어 더 강화됩니다. 우리나라는 노동

공장마다 조립 라인에 로봇이 들어서면서 사람이 할 일을 대체하기 시작했습니다.

자 1인당 산업용 로봇 대수가 가장 높습니다. 시골에서 사과 상자를 만드는 작은 공장에도 로봇이 활약합니다. 사과를 세척하고 당도를 측정하고, 불량품을 걸러 내고, 크기에 따라 분류해서 박스에 담는 일련의 과정이 모두 자동화된 걸 TV 프로그램에서 쉽게 접할 수 있는 것도 공장 자동화가 곳곳에서 이루어지고 있기 때문입니다.

초연결 사회, 인터넷의 등장

사무실의 컴퓨터 도입과 공장의 자동화는 인터넷의 등장과 함께 더 큰 변화를 맞이합니다. 1980년대 선진국에서 본격적으로 전파된 인터넷은 1990년대 들어 우리나라와 같은 당시 개발 도상국에도 쓰입니다. 인터넷의 등장으로 서로 다른 장소에 있는 컴퓨터 간에 네트워크가 생겼습니다. 당연히 컴퓨터를 사용하는 사람들 간에도 연결이 생기고, 기업과 공공 기관 등도 자연스럽게 연결되죠. 사무 업무의 효율이 극대화됩니다.

책을 써서 출판하는 과정을 예로 들어 보겠습니다. 먼저 과거에는 출판사에 전화를 해서 이러저러한 주제의 책을 출간하고 싶다고 제안합니다. 출판사에서 흥미를 가지면 어떤 차례로 어떤 내용을 쓸 것인지 직접 출판사를 찾아가 만나서 상의를 합니다. 그리고 서로 동의하면 다시 날짜를 잡아 만나서 계약서에 사인을 하죠. 또 원고를 다 작성하면 직접 가지고 가거나 우편으로 보내고 편집부에서 교정을 봅니다. 이런 과정을 몇 번 더 거치고 나서야 책을 디자인하고 인쇄를 진행하죠.

그런데 지금은 전혀 다르게 일이 진행됩니다. 전화 통화나 이메일을 통해 기획을 하고 계약서도 이메일로 주고받죠. 원고를 보내는 일도 교정 과정도 이메일, SNS 등으로 진행하고요.

제가 쓴 책 중 한 권은 처음 제안을 받았을 때부터 실제 책이 출판될 때까지 출판사 관계자와 한 번도 만난 적이 없습니다. 대부분 많아 봤자 한두 번 만나는 것으로 끝나고 그조차도 사실 크게 필요해서라기보다는 기존 관행인 경우가 많습니다.

인터넷이 여러 업무에 효율적으로 쓰이다가 월드 와이드 웹 (World Wide Web) 서비스가 도입되면서 상황이 급변합니다. 요즘은 웹 서비스와 인터넷이 동일어처럼 쓰이지만 사실 둘은 완전히 다른 개념이죠. 인터넷이 말 그대로 컴퓨터와 컴퓨터 사이의 네트워크라면 웹은 인터넷을 이용한 서비스 중 하나입니다. 초기 인터넷은 이메일을 주고받는 이메일 서비스, 파일을 주고받는 FTP 서비스, 게시판 서비스 등이 있었습니다. 그러다 1990년대 하이퍼 텍스트를 기반으로 하는 월드 와이드 웹 서비스가 나오면서 여러 기능을 통합합니다. 야후(Yahoo) 등 초기 포털 서비스를 중심으로 빠르게 확산된 웹 서비스는 그야말로 세상을 바꿉니다. 누군가에게 송금을 하려면 은행을 가야 하고, 주민 등록 등본을 떼려면 주민 센터에 가야 하고, 물건을 사려면 상점에 가야 하고, 연락을 하려면 전화를 하거나 직접 만나야 하고, 서류를 보내려면 팩스를 쓰거나 퀵 서비스를 이용했던 모든 것이 웹 서비스로 해결됩니다.

부산에 사는 부모가 서울에 사는 자녀에게 돈을 주는 경우

▶ 인터넷의 사용(20세기 후반)

로 변화를 살펴보죠. 조선 시대라면 사람이 직접 가야 합니다. 돈을 전달하는 데 최소한 일주일이고 보통 보름이 걸립니다. 만약 일제 강점기였다면 전신환이라는 걸 써야 합니다. 부모가 부산의 전신 전화국에 가서 돈을 주고 전신환을 신청합니다. 그럼 이 내용이 전신을 통해 서울의 전신 전화국으로 전달되고 서울의 전신 전환국에서 자녀 주소지로 가서 전신환을 전달합니다. 자녀는 다시 전신 전화국 지불국에 가서 전신환을 제시하고 돈을 받는 거죠. 돈을 받는 데 이삼 일 정도는 걸립니다.

20세기 후반에는 어땠을까요? 부모는 근처에 있는 은행으로 가서 계좌 이체를 신청합니다. 자녀 계좌 번호와 보낼 금액을 적고, 현금을 은행원에게 주죠. 그리고 자녀에게 전화해서 돈을 부쳤다고 알립니다. 그런데 그때 휴대폰은 없으니 자녀가 학교에 있다면 연락을 하지 못하죠. 저녁이 되어 하숙집에 돌아와야 비로소 연락이 됩니다. 다음 날 자녀는 통장을 가지고 은행에 가서 돈을 찾습니다.

지금은 이 모든 일이 앉은 자리에서 불과 2~3분 안에 끝납니다. 보름 걸리던 일이 이틀로 줄어드는 데 100년이 걸렸다면, 이틀이던 일이 2~3분으로 바뀌는 데는 20년밖에 안 걸린 거죠. 인터넷과 웹 서비스의 힘입니다. 21세기 들어 온라인은 우리 일상을 지배하고 있습니다. 우리는 이전으로 돌아갈 수 없습니다.

과학 기술 개발의 주체는 누구일까?

 과학 기술 개발의 주체는 공공과 민간 영역으로 나뉩니다. 공공의 영역은 정부에서 설립하고 운영하는 연구소와 대학 연구소가 대표적이죠. 민간 영역은 대부분 기업의 연구소입니다. 이 둘은 서로 다른 목적을 가지고 있습니다. 민간의 경우 기업에서 새로 개발할 제품에 대한 연구가 우선이죠. 삼성전자가 반도체 연구를 하고, 현대자동차는 자율 주행 기술을 연구합니다. 물론 현재 주력 상품이 아니더라도 미래를 위한 연구도 진행됩니다. 양자 컴퓨터나 양자 암호, 초전도체 등은 바로 상품으로 만들지는 않더라도 몇 년 뒤 회사의 생사를 결정할 수도 있으니 투자를 합니다.

 공공의 경우는 좀 다릅니다. 우선 기초 과학에 대해 연구합니다. 가령 소립자 물리학이나 천체 물리학, 기초 화학 등 당장 수익이 될 제품을 만들 수는 없지만 길게 보았을 때 과학 기술의 기초 체력을 향상시킬 수 있는 부분이죠. 한국 기초과학연구원(IBS)의 경우 기하학 수리 물리 연구단, 이산 수학 그룹, 순수 물리 이론 연구단, 나노 구조 물리 연구단 등 당장 산업화가 되지 않을 기초 부문에 대한 연구를 중점적으로 하고 있습니다. 민간 기업이 이런 분야에 투자하지 않으니 공공 부문이 이를 맡는 겁니다.

대학도 마찬가지입니다. 요사이 대학의 연구팀도 당장 상용화하기 쉬운 부문의 연구를 맡는 경향이 늘고는 있습니다만 여전히 순수 과학 분야 연구를 중요하게 여기고 있습니다. 그리고 이는 공공 부문에서 지켜야 할 소중한 연구입니다. 물리학의 암흑 물질에 대한 연구, 소립자 이론에 대한 연구, 일반 상대성 이론과 양자 역학의 통합, 생물학의 생태학, 고인류학, 분류학, 진화론 등은 산업화나 경제적 이익과는 거의 무관한 분야죠. 지질학, 기후학, 해양학 등도 마찬가지입니다. 하지만 과학 기술이 균형 있게 발전하기 위해선 꼭 필요한 연구 분야이기에 공공 부문에서 지원하는 것입니다.

또 공공 부문에서는 실패의 위험이 크고 오랜 시간이 필요한 기술에 대해 연구합니다. 가령 핵융합 연구는 벌써 수십 년 연구했지만 앞으로도 20~30년 정도 더 연구를 해야 합니다. 그러고도 성공 여부를 장담할 순 없습니다. 우주 태양광 발전이나 초전도체 또한 마찬가지입니다. 만약 성공하면 국가적으로도 인류 전체에게도 큰 도움이 될 과학 기술이지만 성공 여부가 불확실하고 또 긴 시간이 필요합니다.

꼭 필요하지만 수익성이 없는 분야도 공공 부문에서 지원합니다. 기후 위기나 태풍에 대한 연구는 한반도에 사는 우리에게 필수적이지만 이걸로 무슨 제품을 만들 순 없습니다. 자연히 공공 부문이 맡을 수밖에 없는 거죠.

우리나라의 사례는 아니지만 미국에서 대학 연구팀이 아주 싼 가격의 간이 현미경을 개발한 것도 이런 예의 하나라고 볼 수 있습니다. 종이로 만든 현미경인데 가격이 아주 쌉니다. 현미경은 전염병을 확인하기 위해 필수적인 장비지만 저개발국에선 선진국처럼 비싼 장비를 많이 구입할 수 없죠. 아주 특별한 기술은 아니지만 단돈 1달러 정도의 저렴한 비용으로 저개발국의 열악한 의료 환경을 개선하는 데 도움이 됩니다.

어떤 분야의 초기 연구도 공공 부문에서 담당합니다. 가령 태양광 발전의 경우 현재 실리콘 소재를 주로 사용하고 있습니다만 페로브스카이트가 차세대 소재로 주목받고 있습니다. 아직 초기 단계라 상용화하기까지는 많은 장벽을 넘어야 하죠. 이럴 때도 공공의 영역에서 연구를 맡아서 진행하다가 상용화에 가까워지면 민간 기업에 기술을 이전하는 방식으로 진행됩니다. 이런 방식은 우리나라만의 일은 아닙니다. 전 세계 어디든 공공 부문과 민간 부문의 연구는 나뉘어져 있습니다. 민간 기업은 당장 제품 경쟁력을 높일 수 있는 연구에 주력하고, 공공 부문은 민간이 맡기 힘들거나 맡을 생각이 없는 영역을 주로 연구합니다.

현재와 미래,

과학 기술과
우리 사회

기술 발전이 낳은 부작용

새로운 기술의 개발은 산업의 확대로 이어집니다. 석유를 가공해 플라스틱을 만드는 기술이 개발되자 석유 화학 산업과 플라스틱 산업이 새롭게 만들어진 것이나, 컴퓨터와 인터넷 기술이 개발되자 반도체 산업, 인터넷 서비스 산업, 개인용 컴퓨터 산업 등이 발달한 것이 대표적이죠. 그런데 산업이 발달하면서 인류는 이전에는 생각지도 못했던 일들에 직면하게 됩니다.

가장 먼저 산업 혁명 당시 영국의 도시가 당면한 문제는 대기 오염이었습니다. 집집마다 석탄을 쓰면서 대기의 질이 급격히 나빠집니다. 연기와 그을음이 안개와 섞여 지상에 머물면서 스모그가 나타납니다. 산업 혁명 이후부터 1950년대까지 난방용으로 석탄을 많이 사용하는 겨울이면 스모그로 고통을 받았죠.

가장 심했던 건 1952년 12월 5일부터 9일 사이에 런던에서 발생했던 그레이트 스모그(Great Smog) 사건입니다. 집에서 난방용으로 석탄을 뗀 것뿐만이 아닙니다. 당시 런던에선 대중교통을 전차에서 버스로 전환했는데 버스가 연료로 사용하는 디젤이 연소하는 과정에서도 대기 오염 물질이 나왔고, 런던 주변의 화력 발전소에서도 오염 물질이 뿜어져 나왔죠. 앞이 보이지 않아 운전이 불가능할뿐더러 특히 공장이 밀집된 런던 동부 지역에선 자신의 발밑도 보이지 않을 정도였습니다. 눈이 아프고, 기침이 멈추지 않았습니다. 어린이와 노인, 만성 질환자들이 가장 문제였죠. 기관지염, 기관지 폐렴 등으로 쓰러진 환자들이 병원을 찾았고 총 사망자는 1만 2000명을 넘었습니다.

프레온 가스의 문제도 등장했습니다. 냉장고나 에어컨의 냉매로 개발된 프레온 가스는 이전에 냉매로 쓰던 메탄이나 암모니아에 비해 훨씬 친환경적이라고 여겨졌습니다. 폭발 위험도 없고, 사람이 마셔도 해가 없고, 공기 중에 누출되어도 별다른 오염을 일으키지 않는 이상적인 기체였죠. 하지만 프레온 가스를 쓴 지 몇십 년이 지나자 대기권의 오존층이 얇아지고, 북극과 남극에서는 아예 사라지는 현상이 나타납니다. 자세히

산업 혁명 이후 런던의 대기 상태는 늘 좋지 않았습니다. 그레이트 스모그 사건 이후 대기 오염을 개선하려고 노력했지만 1962년 스모그 사건이 또 발생해 700여 명이 사망했습니다.

알아보니 프레온 가스가 주범이었습니다. 프레온 가스가 일종의 촉매 역할을 하면서 오존을 분해하고 있었던 거죠. 햇빛에 포함된 자외선으로부터 지구 생물을 지켜 주던 오존층이 얇아지자 극지방을 중심으로 피부암이 증가하는 등의 문제가 생겼습니다. 결국 1980년대 전 세계 국가들이 캐나다 몬트리올에 모여 프레온 가스를 더 이상 만들지 말고, 사용하지도 말자고 조약을 맺습니다. 그리고 30여 년이 지나면서 지구 오존층은 점차 옛날 모습을 되찾고 있습니다. 그나마 다행이죠.

20세기 환경 오염의 중대한 사례로 살충제인 DDT 문제도 있습니다. 농장에서 살충제를 쓸 때 이전에는 국화과 식물에서 추출한 물질을 썼는데 비용도 비싸고 대량 생산하기가 힘들었습니다. 그런데 새로 개발한 DDT는 화학 공장에서 저렴한 비용으로 대량 생산이 가능했죠. DDT는 2차 세계 대전 전에 개발되었는데, 열대 지역에서 말라리아를 옮기는 모기를 없애는 데 쓰였습니다. 전쟁 이후에는 밭에서 농작물에 피해를 주는 해충을 죽이기 위해 대량으로 쓰게 됩니다. 당시에는 사람에게는 별 해가 없다고 알려져 전 세계적으로 광범위하게 살포됩니다. 하지만 이후 연구를 통해 DDT의 독성에 대해서 알려지기 시작합니다. 동물의 번식에 영향을 끼치는 물질이라 DDT를 살포한 지역에 살던 새와 같은 동물은 개체 수가 급감했고, 사람의 몸에도 해를 끼쳤던 거죠. 그래서 1970년대 후반 미국 등 선진국부터 시작해서 이후 전 세계에서 사용을 금지하고 있습니다. 다만 말라리아 피해가 심각한 일부 지역에서는 여전히 살충제 용도로 사용되고 있습니다.

그런데 20세기 환경 오염의 가장 대표적인 문제는 전혀 해

DDT의 위험성을 몰랐을 때는 사람 몸에 직접 뿌리기도 했습니다.

결되지 않고 있습니다. 바로 플라스틱 쓰레기 문제입니다. 사실 플라스틱은 우리 일상생활에서 떼려야 뗄 수가 없습니다. 18세기 산업 혁명 이후 약 150년의 기간 동안 전 세계 인구는 끊임없이 늘어났고 증가 속도도 대단히 빨랐습니다. 더불어 한 사람이 소비하는 물질의 양 또한 빠르게 늘어났습니다. 기존에 쓰던 물질로는 그 수요를 감당할 수가 없었죠. 20세기 이전에 사람들이 쓰던 물건은 대부분 자연에서 유래한 것을 한 번 가공한 거였죠. 나무, 철, 구리, 목화솜 등이 당시 사람들이 사용하던 물건의 재료였습니다. 상아, 양털, 대리석, 사기, 도기 등도 많이 쓰였습니다. 그러나 늘어난 인구와 사용처에 모두 대응할 수 없었죠. 대체 물질이 필요했습니다. 고심하던 인류가 발견한 것이 플라스틱입니다. 더 싸고, 더 가볍고, 더 튼튼하고, 더 유연하고, 더 만들기 쉬운 플라스틱은 많은 곳에서 이들 물질을 대체하며 우리 생활의 중심에 자리를 잡습니다.

그러나 플라스틱은 20세기 후반 들어 인류 최대의 골칫덩이가 됩니다. 태우면 유해 가스와 온실가스가 나오고, 땅에 묻으면 썩질 않아 수백 년을 버팁니다. 바다로 흘러간 플라스틱은 잘게 쪼개져 미세 플라스틱이 되고 일부는 초미세 플라스틱이 되어 바다 생물의 체내에 쌓이다 마침내 인간의 몸속에도 들어옵니다.

플라스틱 없는 세상은 상상이 가질 않습니다. 일회용 플라스틱은 되도록 사용하지 않는다고 해도 자전거를 탈 때 쓰는 안전모를 플라스틱 대신 뭘로 만들까요? 자동차 타이어는 합성고무 말고 뭘로 만들까요? 전기 플러그, 페트병, 비닐봉지, 컴퓨터, 휴대폰 등 플라스틱이 들어가지 않는 제품이 없을 정도죠. 기술이 발달하면 해결될 거라고 기다리기엔 현재 플라스틱으로 인해 지구가 받는 고통이 너무 큽니다. 산업 혁명 이후 기술의 발달은 편리한 현대 문명을 만들었지만 지구 생태계에 대한 부작용 또한 너무 큰 것이 사실입니다.

기후 위기와 에너지

현재 인간에게 가장 크게 다가올 환경 문제는 기후 위기입니다. 산업 혁명 이후 화석 연료, 즉 석탄, 석유, 가스를 태우면서 발생한 온실가스, 즉 이산화탄소와 메탄 때문에 지구 표면 전체의 온도가 상승했습니다. 지구 온난화가 인류와 지구 생태계를 위협하고 있죠.

산업 혁명 이후의 인류와 이전의 인류를 나누는 여러 기준이 있겠지만 그중 하나는 어떤 에너지를 쓰냐는 것입니다. 산업 혁명 이전에는 인간 자신의 힘과 가축, 바람, 물 등의 에너지가 사용 가능한 전부였다면 산업 혁명 이후 인류의 주된 에너지는 화석 연료입니다. 인류가 사용하는 에너지의 90% 이상을 차지하죠. 동시에 산업 혁명 이전에 비해 수백 배 이상의 많은 에너지를 소비하고 있기도 합니다. 그 결과로 기후 위기가 나타났죠.

인류가 사용하는 에너지의 3분의 1 정도는 전기입니다. 그런데 전기 에너지를 만들 때도 화석 연료가 가장 많이 쓰이죠.

전기 에너지를 제외한 나머지의 대부분은 공장과 자동차 등에 사용하는 연료입니다. 이 연료 또한 석탄과 석유 같은 화석 연료죠.

그런데 기후 위기가 인간이 사용하는 에너지의 근원을 다시 바꾸고 있습니다. 바로 태양과 바람을 이용하는 재생 에너지죠. 앞으로 자동차, 선박, 비행기 등은 전기와 수소를 이용하게 될 겁니다. 또 전기는 3분의 2 이상 태양광 발전과 풍력 발전으로 대체될 것으로 전망하고 있습니다. 향후 20년 정도 뒤에는 전기 생산에서 화석 연료는 거의 사용되지 않을 겁니다. 그렇게 되어야만 하고요.

화석 연료의 사용이 대체되는 것은 사실 기후 위기가 아니라도 예정된 결말입니다. 화석 연료라는 이름에서 드러나듯 석탄과 석유, 천연가스는 예전에 살았던 생물이 땅속에 묻혀 만들어진 것입니다. 지금도 조금씩 만들어지곤 있죠. 지구의 역사는 45억 년이지만 그중 화석 연료가 인류에게 사용될 만큼 묻힌 건 5억 년 정도입니다. 굉장히 긴 시간이었고, 화석 연료의 양도 상당히 많습니다만 문제는 인간이 이걸 너무 많이 썼다는 거죠. 만약 열세 살 정도 되는 사람의 통장에 1000만 원이 있다면 상당히 많다고 볼 수 있지만 매달 100만 원씩 쓴다면 채 1년을 쓰지 못합니다. 매달 20만 원씩 써도 5년이 되지 않아 바닥이 나죠. 마찬가지로 지구의 화석 연료도 언제인지는 모르지만 더 이상 캐낼 수 없을 때가 옵니다. 기후 위기가 아니더라도 화석 연료가 쓰일 날이 영원할 순 없는 거죠.

기술이 발전하면 더 나은 일자리가 생길까?

새로운 기술이 나타나면 어떤 직업은 사라지고, 또 다른 새 직업이 생깁니다. 산업 혁명 이후 지금까지 이런 일은 반복되어 왔습니다. 산업 혁명 때 가장 먼저 사라진 직업은 개인용 베틀로 천을 만들던 일이었습니다. 대신 공장에서 커다란 방직기와 방적기를 돌리는 새로운 직업이 생겼죠. 철로가 놓이고 증기 기관차가 다니게 되자 운하와 강에서 배를 통해 사람과 물건을 나르던 사람들이 일자리를 잃었습니다. 대신 철도 공사를 하는 사람들과 기차를 운전하는 새로운 직업이 생겼죠. 19세기 후반이 되자 자동차가 등장하면서 말을 몰거나 마차를 모는 이들이 일자리를 잃었고, 대신 자동차 운전을 하는 새로운 직업이 생겼습니다.

기술이 발달하면서 직업이 변화되는 일은 우리나라에서도 마찬가지로 일어났습니다. 플로터라는 것이 있습니다. 대형 출

1990년대까지만 해도 간판은 대부분 그림을 그려 만들었습니다. 기술이 좋아지면 많은 사람들이 편리함을 느끼기도 하지만 한편에서는 일자리를 잃는 사람도 있습니다.

력 장치인데 폭도 길이도 아주 넓고 길게, 그리고 종이뿐만 아니라 필름, 시트지 등 다양한 재질에 프린트를 할 수 있습니다. 컴퓨터에 연결해서 쓰죠. 이 플로터가 본격적으로 쓰인 건 1990년대 정도였습니다. 지금은 상점의 간판은 모두 플로터로 뽑아 씁니다. 이렇게 되자 페인트로 직접 간판을 그려 주던 사람들은 대부분 직업을 잃었습니다. 대신 컴퓨터를 조작해서 플로터로 간판 시트지를 뽑고 이를 설치하는 이들이 새로운 직업을 가지게 되었죠.

직업의 변화는 우리가 무심코 지나치는 일상에서 끊임없이 일어납니다. 하지만 그중 새로 생기는 일자리는 별로 없고, 기존에 일하던 사람들만 대량으로 해고되는 경우도 종종 있습니다. 지금은 버스에 운전기사만 있지만 1980년대만 하더라도 시내버스에는 버스 안내원이 한 명씩 있었습니다. 차비를 현금으로 내던 때라 차비를 받고 거스름돈을 주며, 이번에 정차할 버스 정류장 이름을 크게 부르고, 차문을 열고 닫는 일을 했죠. 그런데 차비를 버스표나 토큰으로 운전기사 옆의 통에 넣고, 유압 시스템으로 승하차 문을 열고 닫는 게 운전석에 앉아서 버튼 하나만 누르면 되고, 버스 정류장 이름을 미리 녹음된 음성 방송으로 알리면서 한순간에 버스 안내원은 필요가 없어졌습니다. 수만 명의 안내원(대부분 중학교나 고등학교를 졸업한 10대 후반에서 20대 초반의 여성)이 직업을 잃었죠.

어쩌면 혁신 기술의 대부분은 만들어 내는 일자리보다 없애는 일자리가 더 많다고 할 수 있습니다. 단순한 이야기입니다. 혁신 기술은 이전보다 더 적은 사람으로 더 많은 성과를 내는 것을 목표로 하니까요. 만약 새로운 기술이 등장했는데 이전보다 더 많은 사람을 필요로 한다면 그런 기술은 사용되지 않을 것입니다. 지금 가장 큰 관심을 받고 있는 자율 주행과 인공 지능도 마찬가지로 새로운 일자리를 만들겠지만 그만큼,

혹은 그보다 더 많은 일자리를 사람에게서 뺏을 겁니다.

예를 들어 완전 자율 주행까지는 아니더라도 고속 도로에서 만큼은 전용 차로를 만들어 자율 주행을 한다고 생각해 보죠(현재도 고속 도로에서 제한적으로 자율 주행을 하는 건 어렵지 않습니다. 기술적 준비는 어느 정도 끝난 상태입니다). 지금은 버스 기사가 서울에서 부산으로 갈 때 계속 운전을 해야 합니다. 운전 시간만 다섯 시간 정도 걸리죠. 준비 시간까지 합하면 한 사람이 서울에서 부산으로 갔다가 다시 서울로 돌아오면 하루 일이 끝납니다.

만약 고속 버스에 자율 주행 자동차를 투입하면 어떻게 될까요? 운전기사는 출발해서 고속 도로 톨게이트까지 약 30분 정도만 운전을 합니다. 그리고 서울 톨게이트에 도착한 다른 고속 버스를 타서 버스 터미널로 다시 운전해 오죠. 약 1시간 정도면 되는 일입니다. 그렇게 되면 운전기사는 같은 시간에 최소한 여덟 대 이상의 고속 버스를 운전할 수 있습니다. 서울 톨게이트에서 부산 톨게이트까지 고속 버스가 자율 주행으로 가고, 부산 톨게이트에 도착하면 부산의 버스 기사가 버스 터미널까지 차를 운전합니다. 이런 시스템이 가능해지면 고속 버스 운전기사의 수는 4분의 1로 줄어들게 됩니다.

물론 자율 주행 시스템은 장점도 있습니다. 고속 버스 운영

비용이 줄어들면 이전보다 더 자주 버스를 운행할 수 있고, 현재 수익성이 부족한 곳에도 새로운 노선을 놓을 수 있습니다. 그렇더라도 고속 버스 운전기사의 수가 줄어든다는 점은 바뀌지 않습니다.

전문직도 마찬가지입니다. 가령 판사를 생각해 보죠. 판사의 주된 업무는 재판에서 판단을 내리는 겁니다. 그런데 우리나라 재판 중 가장 많은 건 경범죄로 아주 사소한 폭행 사건, 피해가 작은 교통사고, 교통 신호 위반이나 술을 마시고 소란을 피우는 행위 등입니다. 대부분 몇십 만 원 정도의 벌금이 부과되거나 선고 유예가 이루어지는 사건입니다. 이런 사건의 경우 인공 지능에게 판결을 맡기고, 검사나 피의자가 이에 불복하는 경우만 인간 판사에게 판결을 맡길 수도 있습니다. 처음에는 판결 전체를 맡지 않고 인간 판사의 판단에 도움을 주는 것부터 시작하겠지만요. 어찌됐든 판사의 업무가 상당히 줄어들고 판사 일자리도 줄어든다는 뜻이죠.

물론 자율 주행이나 인공 지능이 일자리를 줄이는 동안 새로운 일자리도 분명히 생깁니다. 자율 주행 관련 반도체를 만들고 자율 주행 프로그래밍을 하는 직업, 인공 지능 반도체를 만들고 인공 지능에게 학습을 시키고 이를 관리하는 직업 등은 당연히 늘어납니다. 하지만 중요한 것은 사라지는 일자리에

서 해고된 사람이 이 새로운 일자리로 가는 것이 아니란 점입니다. 평생 운전만 한 50대 운전기사에게 인공 지능 프로그래밍을 배워 취직하라고 할 순 없죠. 새로운 일자리는 대부분 새로 사회에 진출하는 젊은 사람의 몫이 되고, 일자리가 사라진 사람들은 전통적인 다른 일자리를 찾게 됩니다. 이 과정에서 이들의 경력은 전혀 인정받지 못합니다. 정규직이 비정규직이 되고, 급여는 낮아집니다. 실제 과거 1980년대 버스 안내원에서 해고당한 여성 노동자들은 당시 가장 많은 여성 노동자를 뽑았던 봉제 공장의 생산직 노동자로 취업한 경우가 많았습니다. 그리고 임금은 낮아졌습니다.

기술은 선하지도 악하지도 않을까?

흔히 과학 기술을 가치 중립적이라고 합니다. 기술 자체로는 선하지도 악하지도 않다는 거죠. 또 다르게 말하면 누가 어떻게 사용하는가에 따라 좋을 수도 있고 나쁠 수도 있다고 합니다. 당연히 맞는 말입니다만 여기에는 조금 더 고민해야 할 부분이 있습니다.

우선 어떤 기술을 개발할지 선택의 문제가 있습니다. 예전에는 기술 개발에 대한 선택이 과학자나 공학자 개인에게 맡겨진 측면이 많았습니다. 물론 그들도 아무렇게나 선택하는 건 아니고 나름의 필요성이 있을 때 개발을 시도했습니다. 이때 필요성이란 개인의 희망보다는 사회적·경제적 가치가 더 중요했습니다. 자동으로 움직이는 방직기나 방적기를 개발한 것도, 증기 기관이나 전구를 개량한 것도 모두 당시 사회적·경제적 필요에 따른 일이었습니다.

이는 지금도 마찬가지입니다만 무엇을 개발할 것인가에 대한 주체는 달라졌습니다. 과학자와 공학자는 대부분 연구소, 대학, 기업에 몸담고 있고, 개인이 아니라 여럿이 팀을 이뤄 연구를 진행합니다. 그리고 이 연구에는 상당한 비용이 들어갑니다. 연구 비용을 확보하는 게 무엇보다 중요할 수밖에 없죠. 그럼 연구 비용은 어디서 조달할까요? 대부분 정부나 기업에서 나옵니다. 연구 팀이 어떤 연구를 하겠다는 제안서를 제출하더라도 결국 정부나 기업이 이를 채택해야 연구가 가능한 거죠.

기업은 당연히 회사에 이익을 줄 수 있는 연구를 선택합니다. 삼성전자는 반도체, 휴대폰, 디스플레이 관련 기술에 집중적으로 지원할 것이고, 현대자동차는 전기 자동차 배터리, 자율 주행 기술에 집중하겠죠. 네이버나 카카오는 인공 지능에

관심을 가질 것입니다.

정부의 경우도 때에 따라 조금씩 다르겠지만 일반적으로 경제 성장에 도움이 되는 기술을 개발하려고 합니다. 가령 우리나라는 인공 지능, 반도체, 모빌리티, 유전 공학 기술 등 현재 다른 나라와 치열하게 경쟁하는 부문의 연구에 더 많은 예산을 배정합니다. 여기서 의문이 하나 듭니다. 어떤 분야의 어떤 연구를 지원할지 정부가 마음대로 결정해도 될까 하는 것이죠. 과연 이 결정에 시민 사회의 참여가 거의 배제되는 게 합당할까요?

또 과학 기술의 연구는 보통 선진국에서 이루어집니다. 당연히 자국에 필요한 기술을 중심으로 개발이 이루어지겠죠. 그래서 아프리카, 중남미, 남아시아 등 저개발국에 사는 이들이 필요한 기술은 크게 주목받지 못합니다. 선진국 위주로 기술 개발이 이루어지면 결국 경제성은 없지만 가난한 사람들의 삶의 질을 향상시키는 데 필요한 기술은 자연스레 외면받을 수밖에 없습니다. 과학 기술이 중립적이란 말은 어떤 기술을 개발할지 선택하는 순간에서부터 틀린 말이 되는 거죠.

새로 개발되는 과학 기술은 이후 사회가 어떻게 수용할지 어느 정도 예상할 수 있습니다. 어떤 기술이든 연구를 시작할 시점에서 이미 주요한 수용 지점을 고려합니다. 물론 기초 과학의 경우 불분명하기도 하지만 공학에 가까울수록 수용 지점은 분명해집니다. 가령 자율 주행 기술이라면 자동차, 선박, 비행기 등 모빌리티에 적용하는 것이 당연한 목표입니다. 이 기술을 수용해서 적용할 수 있는 건 자동차 회사, 비행기 제조사, 선박 제조사 등이죠. 기술 개발의 성과가 기업의 이익과 부합합니다.

그런데 자율 주행이 본격화되면 사회 곳곳에 다양한 변화가 일어납니다. 먼저 운전으로 먹고사는 사람들이 큰 피해를 입겠죠. 자율 주행이 가장 먼저 도입될 영역은 아무래도 사람보다는 화물을 싣는 트럭입니다. 그중에서도 컨테이너 트럭처럼 항구에서 물류 기지를 왕복하는 일정한 노선을 가진 경우가 도입하기 가장 쉽습니다. 화물 운전 노동자가 일자리를 잃을 확률이 가장 높죠. 물론 긍정적인 영향도 있습니다. 인건비 등 운영비 문제로 운행 횟수가 적은 농촌 지역 버스의 경우 자율 주행이 도입되면 더 자주 운행할 수 있겠죠. 이렇듯 새로 도입되는 기술은 정확하지는 않아도 어떤 영향을 끼칠지는 대충 가늠할 수 있습니다. 누군가는 이익을 보고 누군가는 피해를 본다면, 과학 기술은 어떤 선택을 해야 할까요?

또 하나 예를 들어 보죠. 스텔스 기술은 전투기나 전함이 상대방의 레이더에 발견되지 않게끔 하는 것이 연구의 목표입니다. 스텔스 기술이 군사용이라는 사실이 아주 명확하죠. 나중에 다른 응용처가 나타날 수는 있지만 그걸 기대하고 개발하는 것은 아닙니다. 그런데 세계 평화를 위해서는 더 이상 군사력을 키우지 말아야 한다고 생각한다면 스텔스 기술을 개발할 수 있을까요? 또 스텔스 기술은 기존에 전투기를 생산할 수 있는 일부 국가에게는 아주 중요한 기술이지만 스스로 전투기를 만들 수 없어 타국으로부터 수입하거나, 수입하더라도 돈이 없어 몇 대 살 수 없는 나라에게는 그림의 떡일 뿐입니다. 스텔스 기술과 같은 군사 기술은 강대국과 약소국의 국방력 차이를 더욱 크게 만들죠. 그렇다면 이 기술이 가치 중립적이라고 할 수 있을까요? 적어도 이런 기술을 개발하는 당사자가 가치 중립이라는 소리를 할 순 없죠. 애써 만든 기술이 미래에 어떤 영향을 끼칠지 무관심하더라도, 무관심 자체도 하나의 입장이 될 테니까요.

과학 기술의 불평등

현재 과학 기술의 개발을 위해선 아주 많은 연구자와 비용이 듭니다. 특히 가난한 나라는 과학 기술에 투자를 하고 싶어도 투자할 돈이 없습니다. 예를 들어 지난 2022년 국가별 연구 개발 투자 비용은 미국이 1위로 무려 6600억 달러를 썼습니다. 1위부터 10위까지를 보면 미국, 중국, 일본, 독일, 한국, 프랑스, 인도, 영국, 대만, 브라질 순입니다. 우리나라는 5위로 1050억 달러를 사용했죠. 하지만 47위인 칠레는 19억 달러로 우리나라의 약 9분의 1이고, 77위인 알제리는 3억 달러에 불과합니다. 아직 선진국이 아닌 중국, 인도, 브라질 등이 상위에 있는 것은 워낙 인구가 많기 때문이죠.

국민 1인당 연구 개발 투자액을 보면 우리나라가 1위로 1인당 2050달러입니다. 미국은 1965달러죠. 1인당 1000달러가 넘는 연구 개발비를 지출하는 나라를 보면 미국, 일본, 독일, 한국, 프랑스, 대만, 호주, 네덜란드, 스웨덴, 이스라엘, 벨기에 등 모두 선진국입니다. 반면 저개발국은 사정이 다릅니다. 칠레의 경우 100달러로 우리나라의 20분의 1밖에 되지 않고, 알제리는 6달러로 우리나라의 100분의 1도 되질 않습니다. 저개발국은 1인당 국민 소득이 워낙 낮고, 정부 예산에서 시급하게 써야 할 다른 부분이 많다 보니 연구 개발에 많은 투자를 할 수 없는 거죠.

민간 기업도 마찬가지입니다. 2020년 세계에서 연구 개발에 가장 많은 돈을 쓴 기업은 순서대로 아마존, 알파벳(구글 모회사), 화웨이, 마이크로소프트, 애플, 삼성전자입니다. 1위인 아마존의 연구 개발비는 226억 달러로 칠레 국가 연구 개발비의 열 배가 넘습니다. 세계에서 연구 개발비를 가장 많이 지출하는 기업 50개를 살펴보면 미국이 23개, 그다음 독일 9개, 일본 6개, 그리고 한국, 중국, 스위스, 프랑스, 영국, 이탈리아, 스웨덴 등의 한두 개 회사들이 끼여 있습니다. 미국과 서유럽 중심에 일본, 한국, 중국 정도만 있는 거죠. 이런 상황은 21세기들어 23년 동안 단 한 번도 변하지 않았습니다. 각 나라의 기업 수에는 변화가 있지만 저 나라 외의 나라가 들어온 적은 한 번도 없죠. 기업 간 투자의 차이는 매년 누적되면서 저개발국과 선진국의 격차는 계속 벌어지고 있습니다. 이런 불평등은 자연스럽게 산업에서의 경쟁력 차이를 만들고, 각 나라의 국민 1인당 소득 격차 또한 커지게 되죠.

그런데 과학 기술의 불평등은 나라 사이에만 있는 건 아닙니다. 한 나라 안에서도 부유한 사람과 가난한 사람 사이에 과학 기술의 혜택은 불평등하게 돌아갑니다. 가령 유전에 의해 나타나는 혈우병의 경우 이전에는 완전히 치료하는 약이 없어 일정 주기로 계속 주사를 맞아야 했습니다. 그러다 혈우병을 치료할 수 있는 약이 개발되었는데 문제가 가격이 350만 달러라는 점입니다. 우리 돈으로 약 46억 원이죠. 우리나라나 미국 같은 선진국에서도 혈우병 치료제를 살 수 있는 사람은 극소수에 불과합니다. 척수성 근위축증 또한 이전에는 불치병으로 알려져 있었지만 졸겐스마라는 치료제가 개발됩니다. 하지만 이 또한 225만 달러, 거의 30억 원에 달하는 금액입니다. 이외에도 100만 달러가 넘는 약이 한두 개가 아닙니다. 제약 회사의 입장은 간단합니다. 해당 질병 등이 워낙 희귀해서 전 세계를 통틀어 치료받을 사람이 별로 없는 데 반해 개발하는 데 엄청난 금액이 들었으니 기업의 이윤을 확보하려면 그 정도 금액은 책정해야 한다는 거죠. 제약 회사의 주장이 사실인지 여부와 상관없이 당장 치료할 약이 있는데 돈이 없어서 치료할 수 없다면 이는 뭔가 잘못된 것이 분명합니다.

인터넷 사용도 불평등한 것 중 하나입니다. 우리는 일상생활에서 인터넷을 사용하는 것이 아주 자연스러운 일이지만 세계 모두가 그런 것은 아닙니다. 흔히 무선 인터넷이라고 부르지만, 이는 착각입니다. 인터넷을 하려면 내가 사용하는 주변까지 인터넷 회선이 광 통신 케이블을 통해 연결되어야 하죠. 광 통신망이 있는 근처에서만 휴대폰이나 노트북이 무선으로 연결될 수 있습니다. 그런데 저개발국이나 개발 도상국은 전국에 광 통신망을 깔 정도의 투자를 하기가 힘든 실정입니다. 2020년 기준으로 전 세계 인터넷 사용 인구가 약 60% 정도인 이유죠. 우리나라의 인터넷 사용 인구는 85.7%입니다. 아직 어린 아기와 노인을 제외하면 대부분 인터넷을 사용하고 있는 거죠. 하지만 아프리카의 말리, 부르키나파소, 르완다 등은 인터넷을 사용하는 이들이 20%가 되질 않습니다. 인터넷이 되지 않는다는 건 스마트폰도 없다는 뜻입니다. 선진국과 저개발국에 사는 사람 사이에 디지털 정보 격차가 생길 수밖에 없습니다.

한 나라 안에서도 마찬가지입니다. 우리나라의 평균 디지털 정보화 수준을 100으로 놓았을 때 저소득층은 87.8이고, 장애인은 75.2, 농어민은 70.6, 노령층은 64.3 수준이었습니다. 가장 심각한 노령층의 경우를 좀 더 살펴보죠. 우리나라 국민의 컴퓨터 보급률은 83.2%입니다. 초등학교 입학 전인 아이들을 제외하면 대부분 가지고 있는 거죠. 그런데 노령층은 61.3%밖에 되질 않습니다. 또 휴대폰 보급률은 91.4%입니다. 역시 초등학교 입학 전 아이들을 제외하면 대부분 가지고 있습니다. 하지만 노령층의 경우 73.7%입니다. 네 명 중 한 명은 없는 거죠. 온라인 쇼핑이나 금융 거래, 생활 정보, 공공 서비스 대부분이 휴대폰과 컴퓨터를 통해 이루어지는 걸 생각하면 컴퓨터도 휴대폰도 없는 이들의 불편은 이루 말할 수 없을 겁니다.

흔히 과학은 기술의 기반이 되고, 기술은 다시 과학을 발전시킨다고들 합니다. 과학 이론이 제대로 서면 그 이론을 응용해 기술을 개발하고, 그 기술을 이용해서 더 복잡하고 어려운 과학 문제를 푼다는 뜻이죠. 그런데 사실 과학과 기술의 관계가 꼭 그런 것은 아닙니다. 원래 과학과 기술은 그 주체도 전혀 겹치지 않고 서로의 발전에 큰 영향을 주지도 않았습니다.

고대 그리스에서 자연 철학자는 사물의 근본 원리를 탐구하는 사람들이었습니다. 탈레스, 데모크리토스, 아리스토텔레스 등 우리가 흔히 철학자라고 부르는 이들이 과학자였습니다. 반면 기술을 다루는 공학자는 실제 삶의 영역을 다루었죠. 천문학과 점성술, 토목 공학, 건축 공학 등 실제 생활에 쓰이는 기술을 발달시켰는데 이에 대한 과학의 도움은 상당히 적었습니다. 교과서에도 나오는 아르키메데스나 증기 기관을 만든 헤론 등이 지금으로 보면 일종의 공학자였죠. 마찬가지로 기술(공학)의 발달 또한 당시 과학, 자연 철학의 발달에는 큰 영향을 미치지 못했습니다. 이런 관계는 중세와 르네상스 시기에 이르기까지도 별로 달라지지 않았죠. 과학은 대학에서 자연 철학자들에 의해 전승되었고, 공학은 장인들에 의해 전수되고 발달했습니다. 서로 데면데면한 관계였죠.

그러다 17세기 과학 혁명이 시작되면서 과학자들은 공학자의 도움을 받기 시작했는데 이때도 과학이 기술 발달에 도움을 주는 건 별로 없었습니다. 예를 들어 산업 혁명 시기 자동 방직기와 방적기, 증기 기관의 개량, 제련 방법의 변화 등의 기술적 혁신을 이끈 것은 해당 분야의 기술자들이었지 과학자들이 아니었습니다. 더구나 이와 관련된 열역학이나 화학 등의 과학 이론이 제대로 정립된 것도 아니었죠. 말 그대로 기술자들이 자신의 일을 하다 보니 문제가 생겼고, 좌충우돌, 여러 가지 실험을 하면서 개량이 이루어졌습니다.

반면 과학은 기술의 도움을 많이 받습니다. 망원경이 발명되자 이를 통해 천문학자는 천체 관측에 큰 도움을 받죠. 지동설의 중요한 근거가 망원경에 의해 발견되기도 했고요. 또 현미경이 발명되자 이를 통해 생물학은 거의 혁명적 변화를 이루어 냅니다. 모든 생물이 세포로 이루어져 있음을 확인하고 비로소 동물학, 식물학, 미생물학 등으로 흩어져 있던 분과 학문을 생물학이란 통일된 기초 학문으로 모을 수 있었습니다.

이런 과학과 기술의 관계가 역전되기 시작한 것은 19세기부터였습니다. 패러데이와 맥스웰의 전자기학은 전기의 상용화와 전신, 전화, 라디오, TV 등의 기초가 됩니다. 열역학의 발달은 증기 기관의 성능을 향상시키고, 내연 기관을 개발하는 밑바탕이 되죠. 핵물리학의 발달은 핵폭탄과 핵 발전소라는 20세기 희대의 발명으로 이어집니다. DNA와 유전자 가위의 발견은 이후 유전 공학이라는 새로운 분야의 발전으로 이어지고요. 과학이 일상생활에 적용되기 시작한 겁니다. 이후 20세기 내내 과학과 기술은 서로 영향을 주고받으며 아주 긴밀한 관계를 형성합니다.

그리고 20세기 후반이 되자 이제 과학과 기술의 경계가 희미해집니다. 가령 물리학이라는 과학이 있고 이와 관련된 기계 공학, 전자 공학, 건축 공학, 재료 공학 등이 있습니다. 물리학 내에서도 광학, 소립자 물리, 핵 물리, 천체 물리, 통계 물리 등 다양한 분야가 있습니다. 그런데 대학의 전공은 이렇게 세부적으로 나누지만 실제로 이들 사이의 경계는 애매합니다.

반도체 개발을 예로 들면 여기에 관여하는 것은 전통적 의미의 전자 공학만이 아닙니다. 핵 물리나 소재 물리 등 과학 분야도 아주 깊게 관여하죠. 화학도 마찬가지여서 소재 공학자이면서 동시에 금속 화학자일 수도 있습니다. 생물학도 그렇습니다. 대표적으로 유전 과학과 유전 공학의 경우 그 경계가 있는지조차 의문이 들 정도입니다. 어떤 물리학자는 저에게 자기가 과학자(scientist)인지 공학자(engineer)인지 모르겠다고 할 정도죠. 물론 아직도 순수 과학이라고 이야기할 수 있는 분야도 있고 이건 누가 뭐라고 해도 공학이라는 분야도 있지만, 20세기와 21세기 내내 과학과 공학은 그 경계가 차츰 희미해지고 있습니다.

경계가 희미해지는 것과 함께 21세기가 되면서 협업의 중요성이 점점 커지고 있습니다. 로켓을 예로 들면, 로켓 엔진에서 연료가 연소되는 과정은 고에너지 물리와 열역학 등이 필요한 부분입니다. 하지만 이 고열에 견디기 위해 어떤 소재를 사용할 것인가는 재료 공학의 역할이죠. 또 로켓이 어떤 형태를 취해야 보다 효율적으로 날지는 유체 역학과 관련이 깊은데, 이 로켓을 제어하는 것은 전자 공학과 컴퓨터 공학의 영역입니다. 로켓의 운동 자체는 고전 역학이 담당하고, 만약 로켓이 사람을 싣고 달로 향한다면 인체 공학과 생리학 등도 필요합니다. 지금 든 예는 아주 간단하게 줄여서 이야기한 것입니다. 실제로는 로켓 제조와 발사에 훨씬 많은 분야가 관여하고 있죠.

자율 주행이나 배터리, 인공 지능 등 다른 분야에서도 마찬가지입니다. 한두 전문가만 모여서는 좋은 기술을 만들어 갈 수 없죠. 이미 많은 분야에서 과학과 공학의 전문가들이 다양하게 모여 협업하고 새로운 기술을 개발하고 있습니다. 이런 게 현대 과학 기술의 전형적인 모습입니다.

과학 기술은 어떻게 현대를 만들었을까요? 이 물음은 또 다른 두 가지 질문을 낳았습니다. '어떤 과정을 통해 현대가 만들어졌을까?'와 '현대를 어떤 모습으로 만들었을까?'라는 질문이죠. 이 책에서는 이 두 가지 질문에 대한 답을 모두 담고자 했습니다.

20세기와 21세기, 현대는 다양한 국가와 민족이 어울려 살아가고 있지만 최근 세계 전체에 가장 큰 영향을 준 건 유럽과 미국으로 대표되는 서양 문명이라 볼 수 있습니다. 우리나라도 많은 영향을 받았죠. 영국에서 시작된 산업 혁명 이후 서양의 과학 기술은 눈부신 성장을 보였고, 그 성과가 모여 지금의 산업 사회를 만들었습니다. 따라서 서구를 중심으로 한 산업 혁명과 그 뒤 현재까지의 과학 기술과 산업의 발전이 우리에게 어떤 영향을 끼쳤는지 살펴보는 것은 현재의 우리 사회를 이해하는 중요한 판단 근거가 될 수 있습니다.

물론 과학 기술의 발달만이 우리 사회를 만든 것은 아닙니다. 정치나 경제, 인문, 철학, 종교 등 다양한 영역 간에 상호 침투가 있었습니다. 현대를 만든 중요한 역사적 사건을 들여다보면 서양에서만도 프랑스 대혁명, 러시아 대혁명, 미국의 남북 전쟁, 제국주의, 시민 사회의 형성 등 다양한 사회 문화적 사건과 발전, 질곡이 있었습니다. 이런 변화가 과학 기술과 산업에 영향을 끼친 것도 사실이고요.

그럼에도 불구하고 우리가 근현대 역사를 이해하는 과정에서 과학 기술의 발달과 그에 따른 영향을 알아보는 데는 조금 소홀한 측면이 있지 않나 항상 아쉬움을 느껴 왔습니다. 반대로 과학 기술에 대해 공부할 때도 역사, 사회와의 관계가 생략된 경우가 많았고, 또 과학 기술의 발달이 사회에 미친 영향에 대해서도 다방면으로 살펴보지 못한 측면도 많았습니다.

과학 기술의 발달과 그에 따른 사회의 변화는 기원전부터 현재까지 이어지는 유구한 역사 속에 항상 있어 왔습니다. 그 기나긴 시간 중에서도 특히 우리 삶에 가장 직접적으로 영향을 끼친 근대와 현대가 연결되는 기간에 집중해서 더 자세히 파고들고자 했습니다. 아무쪼록 과학 기술의 여러 면을 이해하는 데 도움이 되었길 바랍니다. 끝까지 읽어 주셔서 감사합니다.

"바쁘다~ 바빠!"